国際海運経済学

山口大学経済学部教授
澤 喜司郎 著

海文堂

はじめに

　国際海運を取り巻く環境は，近年ますます大きな変化を遂げてきている。例えば，日本とアジア諸国の間での国際水平分業の進展などによって貿易構造が変化し，コンテナ物流の重心は日本から他のアジア諸国へとシフトするとともに，アジア船社が自国貨物の急増と安い人件費を背景にコンテナ定期部門を中心に急成長している。また，世界的な規模でのコンソーシアムの再編が進み，世界の定期航路は巨大なコンソーシアム間で競争が行われるという新たな大競争（メガ・コンペティション）時代に入っている。

　日本では，日本籍船の国際競争力の低下によるフラッギング・アウト（日本籍船の海外流出）が進んだことによって，日本籍船が大幅に減少している。このことは，船社機能としての船舶保有はパナマ等の便宜置籍国に設立された子会社がその主体となり，船員配乗についてはフィリピン等に設立された配乗会社（マンニング会社）を通じて外国人船員の配乗が行われ，さらには管理部門までもが海外移転していることを意味し，日本の外航海運業は「空洞化」あるいは「真空化」の状態に向かいつつあると言われている。

　このような現状や問題について，これまで多くの研究において観念論的叙述法によって非計量的に論じられ，かつて筆者も『現代国際海運の諸問題』（成山堂書店，1993年）において海運企業内国際分業などについて論じた。しかし，このような問題を理論計量経済学的かつ体系的に論じた研究は極めて少なく，そればかりか国際海運に関する研究への理論計量経済学的なアプローチそのものがわが国では伝統的に非常に少ないのが現状である。

　そのため，ミクロ経済学や国際経済学において共通の財産となっている静学的な諸理論や手法をもちいて，船舶の便宜置籍や外国人船員の雇用など国際海

運における諸問題の理論計量経済学的なアプローチによる解説を試みたものが本書である。そのため，本書はミクロ経済学の伝統である「市場メカニズムがなぜ好ましい資源配分を行えるのか」という視点からの解説と論述に終始し，結果として問題の本質を見失っている可能性があることは否定できない。また，できるだけ多くの読者に理解していただくために，数学の使用を極力避けてグラフを多用し，さらにはミクロ経済学によくみられる抽象的な表現を回避し，問題を明確化するために主要な論題についてはA国やB国という表現に替えて先進国や途上国などの表現をもちいている。

ここで，本書の構成とその内容について簡単に紹介しておこう。序章「貿易と国際海運」では，国際海運と貿易の関係から世界海運市場における需要と供給という概念の導出と，交通経済学において不可避の距離と速度という要因の需給均衡式への適用，屈折した海運供給曲線や不利用能力の問題など海運市場における特殊性について解説している。

第1章「貿易量と海運需要量の決定の理論」では，虚構の世界価格と貿易量に基づく輸出入国における貿易利益と海運需要量の決定を部分均衡分析によって概観したのち，世界海運市場の導出と輸送費および輸送距離を考慮した海運需要量の決定について解説し，総余剰の観点から海上輸送を自国で行おうとする経済的誘因を明らかにしている。

第2章「海運需要と自国海運の育成の理論」では，一般均衡分析による海運需要量の決定についてみたのち，輸送費を含む均衡価格や輸送費を含む相対価格から輸送費の意義を明らかにし，海運が産業として成立した時の海運の輸出と国民所得の関係について検討するとともに，自国海運を育成しようとする経済的根拠について解説している。

第3章「海運供給量の決定と規模の経済性の理論」では，世界海運市場における世界運賃と国民経済における総余剰の関係について概観したのち，完全競争市場を想定すれば海運供給量の増加が一国の利益を減少させることを明らかにするとともに，規模の経済性と国際分業としての完全特化について解説している。

第4章「海運保護政策の理論」では，運航補助金政策，差別課徴政策，積荷割当政策という代表的な海運保護政策をそれぞれ部分均衡分析と一般均衡分析をもちいて国民経済に及ぼす影響について解説し，これらの海運保護政策が経済厚生水準を低下させることを明らかにしている。

第5章「便宜置籍船と海運資本輸出の理論」では，海運の輸出と海運資本の輸出が代替関係にあることを明らかにしたのち，船舶の便宜置籍と国民所得の関係から船舶の便宜置籍を押し進める経済的根拠や，便宜置籍国が多くの船舶を置籍させようとする経済的誘因について解説している。

第6章「海運資本輸出と過剰資本の理論」では，海運資本輸出入の自由化の分配効果について概観したのち，海運資本輸出の量的規制や対外投資収益に対する課税という輸出規制の効果を明らかにし，海運資本と船員労働を特殊的生産要素とした場合の海運資本輸出による所得分配効果について解説している。

第7章「外国人船員雇用の理論」では，船員労働の限界生産力をもちいて外国人船員の流出入に伴う国内分配についてみたのち，外国人船員雇用の量的規制や外国人船員に対する課税という雇用規制の効果を明らかにするとともに，海運資本輸出規制と外国人船員雇用規制の効果の比較を試みている。

第8章「過剰船員の発生と過剰船員対策の理論」では，技術進歩と船員労働の生産性について検討したのち，先進国と途上国間での船員賃金格差が外国人船員雇用の誘因となることを明らかにし，先進国船社における自国船員の海外派遣や労働（務）提供と国民所得の関係について解説している。

第9章「海運自由化の最適性の理論」では，海運資本や船員労働という生産要素の効率的配分について概観したのち，海運自由化のパレート最適性を明らかにするとともに，独占海運企業の出現や外部不経済による海運市場の失敗について解説している。

以上のように，本書で取り上げられているテーマはかなり限定され，現代の国際海運における全ての問題について解説されたものではないことをお断りしておかねばならない。また，本書では各テーマへの接近においてはミクロ経済

学や国際経済学における静学的な諸理論や手法のうち基本的なものを用いるものの，十分な説明が行われていないものもあり，それらについては各章末の参考文献を参照していただければ幸いである。

2001年3月

著者しるす

目　　次

はじめに

序章　海運と海運市場の概要

序・1　貿易と国際海運 …………………………………………………………… 1
序・2　海運市場の特殊性 ………………………………………………………… 4

第1章　貿易量と海運需要量の決定の理論

1・1　部分均衡分析による貿易量の決定 ……………………………………… 13
1・2　輸送費と海運需要量の決定 ……………………………………………… 18
1・3　輸送距離と海運需要量の決定 …………………………………………… 24

第2章　海運需要と自国海運の育成の理論

2・1　一般均衡分析による貿易量の決定 ……………………………………… 35
2・2　海運需要と輸送費の意義 ………………………………………………… 40
2・3　海運業と海運の輸出の意義 ……………………………………………… 46

第3章　海運供給量の決定と規模の経済性の理論

3・1　世界海運市場と世界運賃 ………………………………………………… 57
3・2　海運供給量の増大と国民所得 …………………………………………… 63
3・3　規模の経済性と海運の国際取引 ………………………………………… 67

第4章　海運保護政策の理論

4・1　自国海運の育成と運航補助金政策 …………………………………… 77
4・2　外国船の使用抑制と差別課徴政策 …………………………………… 82
4・3　自国海運の保護と積荷割当政策 ……………………………………… 88

第5章　便宜置籍船と海運資本輸出の理論

5・1　海運と海運資本の輸入 ………………………………………………… 97
5・2　海運の輸出と船舶の便宜置籍 ………………………………………… 103
5・3　便宜置籍国と海運資本の輸入 ………………………………………… 109

第6章　海運資本輸出と過剰資本の理論

6・1　海運資本輸出入の自由化の利益と分配効果 ………………………… 117
6・2　海運資本輸出の規制効果 ……………………………………………… 122
6・3　海運資本輸出の所得分配効果 ………………………………………… 127

第7章　外国人船員雇用の理論

7・1　外国人船員の雇用自由化の利益と分配効果 ………………………… 137
7・2　外国人船員雇用の規制効果 …………………………………………… 142
7・3　外国人船員の雇用と所得分配効果 …………………………………… 148
7・4　海運資本輸出規制と外国人船員雇用規制の比較 …………………… 152

第8章　過剰船員の発生と過剰船員対策の理論

8・1　船舶の技術進歩と船員労働の生産性 ………………………………… 161
8・2　船舶の便宜置籍と外国人船員雇用の誘因 …………………………… 165
8・3　先進国における船員労働の輸出 ……………………………………… 170

8・4 先進国における船員労働の派遣と労務提供 ……………………………………174

第9章　海運自由化の最適性の理論

9・1 資源の効率的配分 ……………………………………………………………185
9・2 海運自由化の最適性 …………………………………………………………191
9・3 海運における完全競争と市場の失敗 ………………………………………196

あとがき
索　引

序章　海運と海運市場の概要

序・1　貿易と国際海運

(1) 国際海運の定義と海運の二面性

　貿易とは，一般的には「国家間の生産物の交換」と定義され，国家間の生産物の交換は商品流通の法則に従って行われる。商品流通(=商品の交換過程)は，W-G-W という形態変化の形式をとり，W は商品形態，G は貨幣形態を表し，そのため商品流通は商品形態から貨幣形態に変化し(商品形態の脱却)，再び商品形態に復帰するという変化をたどる。この商品流通の法則を援用して貿易を定義すれば，それは「国民経済間の商品交換」となり，それは具体的には諸国間での商品の輸出入として体現している。

　貿易の定義にならって国際海運を定義すれば，それは「国民経済間の海上輸送」となる。ただし，海上輸送には人の輸送も含まれるが，輸送の中心は商品(貨物)であり，そのため商品輸送に限定すれば国際海運とは「国民経済間の海上商品輸送」となる。

　そして，このように定義される国際海運を実現するためには国民経済間での

商品交換つまり貿易が存在しなければならないのであり,この意味で国際海運は貿易の産物(あるいは結果)である。他方,現在の世界の地理的状況と既存の輸送手段の技術的水準を前提とする限り,多くの貿易は国際海運が存在しなければ実現することができないか,あるいは大きく制約されることになり,この意味で国際海運は貿易の前提でもある。つまり,国際海運は貿易の産物であると同時に,その前提でもあるという「二面性」を有しているのである。

(2) 海運市場における距離と時間

貿易と国際海運のこのような関係に市場という概念を適用すれば,ここに国際海運市場が成立する。市場とは需要と供給の関係を表し,国際海運の側からみれば需要とは貿易であり,供給とは国際海運であり,これを量的に表現すれば需要量とは貿易量,供給量とは国際海上輸送量となる。

距離と時間(速度)を捨象した純粋貿易理論では,需要量=貿易量,供給量=国際海上輸送量という議論も成り立つが,距離と時間を捨象できない海運経済学においては

　　　海運需要量=貿易量×海上輸送距離
　　　海運供給量=船腹量×速力

となる。

なお,ここでいう船腹量とは船舶が貨物を積載することができる量を,また速力とは連続する時間の流れの中での一定期間(たとえば1年間)における船舶の航海可能距離をいい,そのため速力は厳密には

　　　速力=速度(時速)×24時間×航海日数

上記のように規定される。また,航海日数とは一定期間を1年とすれば,そこから停泊日数(港湾での荷役,給油,検査・修理等に要する日数)を差し引いた残りの日数をいう。

したがって,国際海運経済学においては貿易量と海上輸送距離の積によって与えられる需要量は一定期間における貨物の総移動重量距離をいい,また船腹

量と速力の積によって与えられる供給量とは一定期間における船舶の輸送可能重量距離をいう。そして，その単位としては一般的にトン(シー)マイルあるいはトンキロが用いられる。

(3) 海運需要量と供給量

貿易量と海上輸送距離の積によって与えられる海運需要量について簡単に説明しよう。

図序-1 は，それぞれの横軸に貿易量，縦軸に海運需要量を測り，海運需要量と貿易量および海上輸送距離の関係を図示したもので，直線 OL，直線 OL1，直線 OL2 の傾きが海上輸送距離を表し，その傾きが大きいほど海上輸送距離が長いものとすれば，同図(a)に示されるように海上輸送距離を一定とすれば貿易量の増大によって海運需要量も比例的に増大するが，同図(b)に示されるように貿易量を一定としても海上輸送距離が長くなれば海運需要量は増大し，海上輸送距離が海運需要量に大きな影響を及ぼすことになる。

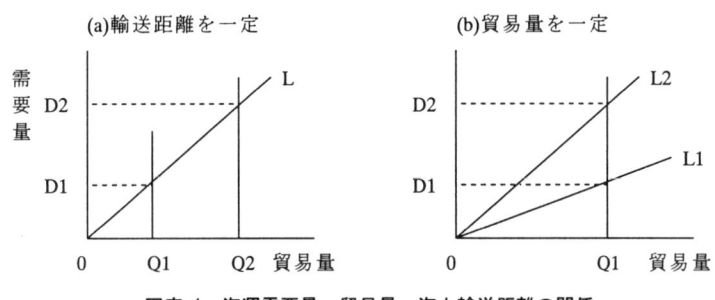

図序-1　海運需要量，貿易量，海上輸送距離の関係

他方，船腹量と速力の積によって与えられる海運供給量についてみると，海運供給量と船腹量および速力の関係を図示したものが図序-2 で，それぞれの横軸には船腹量，縦軸には海運供給量が測られ，直線 OV，直線 OV1，直線 OV2 の傾きが船舶の速力を表し，その傾きが大きいほど速力が大きいものと

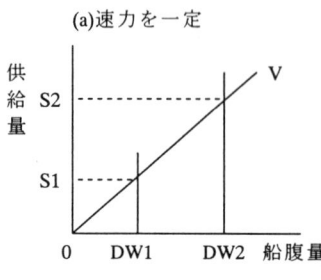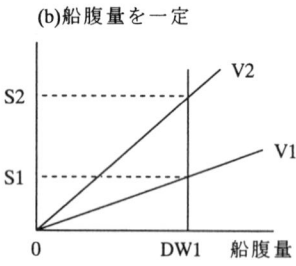

図序-2 海運供給量, 船腹量, 速力の関係

すれば、同図(a)に示されるように速力を一定とすれば、船腹量の増加によって海運供給量は増大するが、同図(b)に示されるように船腹量を一定としても速力(とりわけ速度)が大きくなれば海運供給量は増大し、速力が海運供給量に大きな影響を及ぼすことになる。ただし、船舶の速度は機関の出力に制約されるために無制限に速度を上昇することは不可能であり、そのため速度の上昇による海運供給量の増大には限界が存在する。

序・2 海運市場の特殊性

(1) 均衡価格と均衡数量

　完全競争市場において需要と供給が均衡している状態を想定し、その時に何らかの要因によって需要あるいは供給が変化すれば、均衡価格および均衡数量(生産量=消費量)も変化する。

　たとえば、図序-3 は一般的な市場を描いたもので、それぞれの横軸には数量、縦軸には価格・費用が測られている。同図(a)において需要曲線を直線 D1、供給曲線を直線 S1 とすれば、需要と供給が均衡している場合の均衡価格は P1、均衡数量は Q1 となる。いま、需要が増加して需要曲線が直線 D1 から直線 D2 にシフトし、供給(曲線)を不変とすれば、均衡価格は P2 に上昇し、均衡数量は Q2 に増加するが、逆に需要が減少して需要曲線が直線 D1 から直線 D3 に

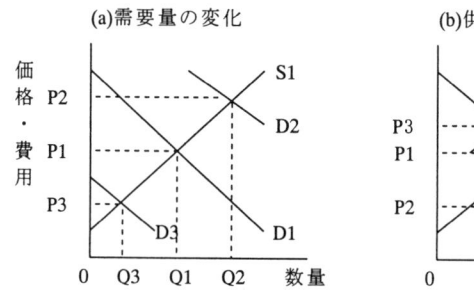

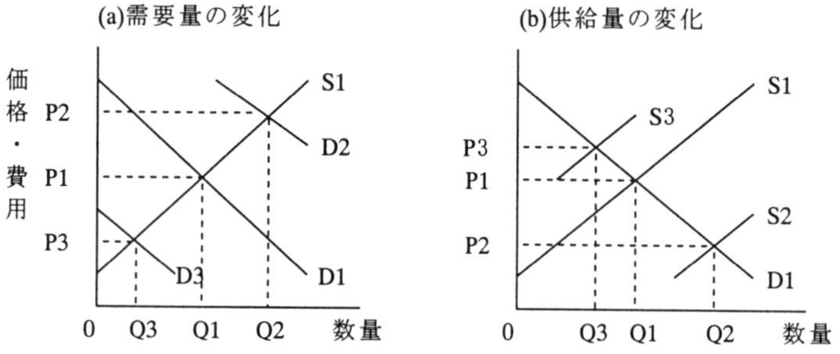

図序-3 需要・供給の変化と価格

シフトすれば，均衡価格は P3 に低下し，均衡数量は Q3 に減少する。

他方，図序-3(b)に示されるように，いま供給が増加して供給曲線が直線 S1 から直線 S2 にシフトしたとしよう。この時，需要(曲線)を不変とすれば，均衡価格は P2 に低下し，均衡数量は Q2 に増加するが，逆に供給が減少して供給曲線が直線 S1 から直線 S3 にシフトすれば，均衡価格は P3 に上昇し，均衡数量は Q3 に減少する。

そして，一般的には需要が増加した場合には短期的にも供給が増加し，均衡価格に大きな変化は見られないとするのが一般的である。なお，ここでいう短期とは資本設備の大きさが固定的であるとした場合をいい，短期的に供給量の増加が可能となるのは一般的な製造業の場合には在庫があること，資本設備に不稼働時間が存在すること(夜間，休日等の不稼働)などによる。

(2) 屈折した海運供給曲線

一般的な供給曲線は，図序-3 に示されたように，右上がりの曲線となるが，海運における供給曲線は図序-4 に示されるように点 A で屈折した直線 S1AS1' のようになる。それは，船舶には貨物を積載できる限界があること(それを超えて積載すると船舶は沈没する)，資本の流通過程から明らかなように在庫が存在しないこと[1]，資本設備(船舶)に不稼働時間がないこと(停泊中以外は 24 時間航行している)による。

図序-4 はそれぞれの横軸に数量，縦軸に運賃・費用を測り，完全競争下にある海運市場を描いたもので，同図(a)において海運需要曲線を直線 D1D1',海運供給曲線を直線 S1AS1' とすれば，均衡運賃(価格)は F1，均衡数量は Q1 となる。供給曲線の屈折点に対応するこの均衡数量を短期的には物理的限界生産量と呼び，これ以上に生産量を増加することが不可能な量をいう。言い換えれば，既存の船腹量をもって Q1 までは速力の向上(速度の上昇や港湾荷役の効率化等)によって生産量を増加することが可能であるが，Q1 を超えれば速力の向上も不可能になる。

したがって，需要が増加して海運需要曲線が直線 D1D1' から直線 D2D2' にシフトし，供給(曲線)を不変とすれば，均衡運賃は F2 に上昇するものの均衡数量は増加せず Q1 のままである。これに対して，供給曲線が屈折せず通常の右上がりの直線 S1AS' とすれば，海運需要曲線が直線 D1D1' から直線 D2D2' にシフトした場合には均衡運賃は F，均衡数量は Q となることと比較すると，海運市場においては供給曲線が屈折しているために運賃の変動幅が大きくなるという特殊性が存在する。

逆に，同図(b)に示されるように，需要が減少して海運需要曲線が直線 D1D1' から直線 D3D3' にシフトし，供給(曲線)を不変とすれば，均衡運賃は名目的には F3 に低下し，均衡数量は Q3 に減少することになる。この時，需要量の減

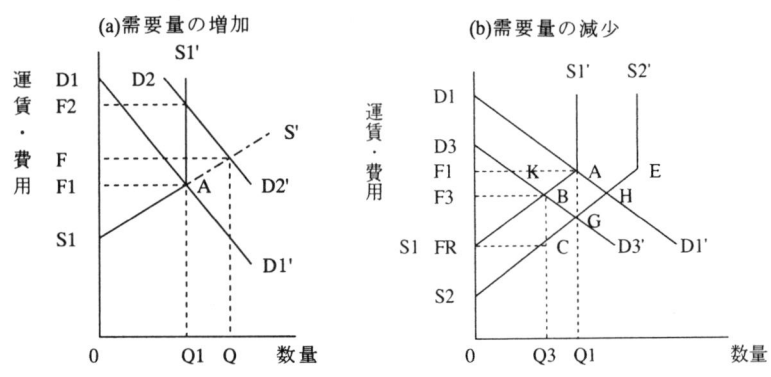

図序-4　海運市場における供給曲線の特殊性

少によって不利用能力(船腹量や速力の過剰)が発生するが，後述するような様々な要因によって現実には不利用能力をもって生産(海上輸送)が行われるために運賃は実質的には FR まで低下し，それは以下のように説明される。つまり，海運需要量の減少は海運供給量の増加を意味し，海運需要量の Q1 から Q3 への減少は海運供給曲線の直線 S1AS1' から直線 S2ES2' へのシフトとして表され，運賃は供給曲線 S2ES2' と海運需要が減少した後の需要量を表す線分 Q3B の交点 C によって決定されるからである。

なお，運賃は需要と供給の関係で決定されるが，運賃が低下したからといって需要が必ず増大するというものではなく，一般的には需要の増大は貿易に対する需要つまり国民経済間での商品交換に対する需要の増大が前提となり，このことも海運市場の特殊性を表すものの一つである。それは，海運に対する需要が本源的需要ではなく派生的需要だからである。

(3) 不利用能力の時間差的発生

不利用能力をもって海上輸送が行われる理由としては，無数の船舶保有者(生産者)からなる競争市場においては海運供給量の調整が不可能に近いこと，後述するように運賃の低下によって損失が発生しても船舶の運航を中止できないこと，船舶の生産原単位(輸送原単位=貨物積載量)が大きいことなどがあげられるが，以下のこともその要因となる。

つまり，不利用能力をもって海上輸送が行われるのは，距離と時間によって海運供給量の過剰が時間差をもって現れるからであり，それは以下のように説明される。図序-5 は横軸に一定期間内の時間の流れ(平易に表現すれば 1 月から 12 月まで)，縦軸に累積海運生産量(輸送量)を測り，海運供給量を一定とした場合の累積海運生産量曲線 OA を描いたもので，一定期間の終わり(TE)の累積海運生産量を S1 とすれば，均衡状態では海運需要量も S1 となる。

いま，海運需要量が S1 から S2 に減少したとしよう。この時，累積海運生産量曲線 OA をもって生産しても時間 T1 までは海運需要量の減少には直面せ

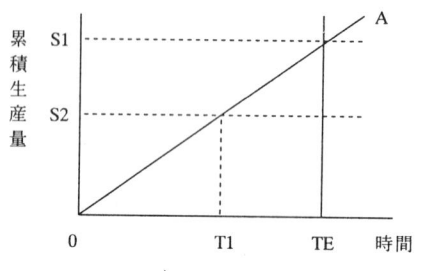

図序-5 時間と距離と累積生産量

ず(その意味では運賃の低下もない),海運需要量の減少による海運供給量の過剰が発生するのは時間 T1 以降のことである。

つまり,一般にいう海運需要量の減少によって直ちに不利用能力が発生するのではなく,この図では時間 T1 以降に全船舶が過剰となるため,経営の安定化を図るために時間 T1 以前に長期契約等が締結され,それが運賃の低下の要因となる。

(4) 運賃の低下と係船

不利用能力をもって海上輸送が行われるのは,運賃の低下によって損失が発生しても船舶の運航を中止できないためであり,これを係船との関係によって説明しよう。

係船とは,運賃が低下したために船舶の運航を一時的に停止することをいい,これを図解すれば以下のようになる。図序-6 は,それぞれの横軸に運賃水準,縦軸に収入・費用を測り,同図(a)は一定の航海におけるある船舶の収入曲線 OA を描いたもので,TC は運航費(総費用),FC は船費,TCFC は航海費用,TLC は係船費(係船特別費 TLCFC ＋船費)を表すものとする。[2]

さて,運賃を F1 とすれば収入は TC となり,それは運航費と等しいために運賃が F1 より高くなればプラスの利潤が生まれ,F1 より低くなれば損失が発生する。したがって,収入曲線 OA と運航費用線 TCTC' の交点が損益分岐点となる。

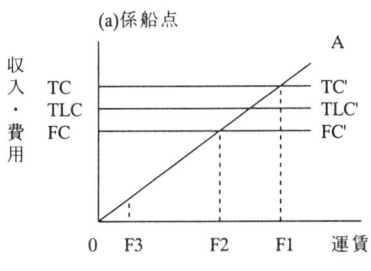
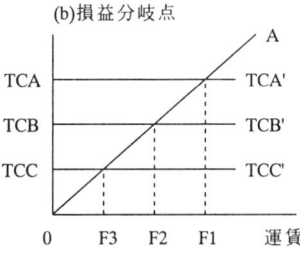

図序-6 係船点と損益分岐点

いま,運賃が F2 に低下したとすれば収入は FC となり,TCFC の損失が発生するため船舶を係船すれば TLC の費用(係船による損失)が発生し,それは船舶を運航した場合よりも大きく,したがって船舶は係船されずに運航されることになる。船舶が係船されるのは,運航による損失と係船による損失が等しくなる運賃(図中では F3)より低くなった場合であり,その分岐点となる運賃水準を係船点という。

このように,損失を少なくするために赤字を覚悟で船舶を運航することは企業にとっては合理的行動であり,これは最大利潤が必ずしもプラスの利潤を意味するとは限らないことによる。そして,以上のことを数式的に表現すれば,

　　運航 ‥‥ 総費用(運航費) - 総収入<船費+係船特別費
　　　　　　 航海費用<総収入+係船特別費
　　係船 ‥‥ 総費用(運航費) - 総収入>船費+係船特別費
　　　　　　 航海費用>総収入+係船特別費

となる。[3]

また,同図(b)は同一の収入曲線 OA と異なる費用構造をもつ船舶の損益分岐点を表したもので,A 船の運航費を TCA,B 船の運航費を TCB,C 船の運航費を TCC すれば,A 船の損益分岐運賃水準は F1,B 船は F2,C 船は F3 となる。

いま,運賃が F1 から F2 に低下すれば,A 船ではマイナスの利潤(損失)が発生するが,C 船ではプラスの利潤を獲得することができ,そのため運航費は船

舶の競争力を表す一つの指標となり，この運航費に大きな違いを生み出すものに一般管理費や税，船員費などがあるが，そのなかで最も問題となるものが船員費である。

船員費は，日本では終身雇用制が採用されているために船費となるが，期間雇用制が採用されている諸外国では航海費用となり，そのため他の条件を同一とすれば日本では航海費用が諸外国に比較して少額となる。このことは係船点が低くなり，合理的行動の結果として累積赤字が膨張してしまうことを意味する。[4]

【注】
1) 資本の流通過程は G を貨幣，W を商品，A を労働力，Pm を生産手段，P を生産過程とすれば，一般的な製造業の場合には

$$G - W < \genfrac{}{}{0pt}{}{A}{Pm} \cdots\cdots P \cdots\cdots W' - G'$$

貨幣の商品	生産資本の機能	貨幣への
への転化		再転化
=貨幣資本の生産資本への転化		=商品形態から貨幣形態への商品資本の転化

と表されるが，運輸業の場合には

$$G - W < \genfrac{}{}{0pt}{}{A}{Pm} \cdots P - G'$$

となる。つまり，生産過程が対価(運賃)を支払われて消費され，このことは生産と同時に消費が行われていることを意味する。そして，生産と同時に消費される財(サービス)を即時財といい，即時財は在庫が不可能である。
2) 船費は間接船費と直接船費に大別され，間接船費には金利や税，一般管理費などがあり，直接船費には船用品費や船員費などがあり，船費は一般にいう固定費あるいは不変費に相当する。航海費用には燃料費や港費，貨物費などがあり，一般にいう変動費あるいは可変費に相当する。また，係船費とは船舶の係船に伴って発生する特別の費用で，係留費や機関維持のための燃料費などがある。
3) 海運供給量を意図的に削減するための代表的な方法には，船腹量に関するものにパートカーゴ(船舶が貨物を満載しないで輸送すること)と前述の係船(意図的な係船)があり，速力(速度)に関するものに減速航海，停泊日数に関するものに修理の遅延などがある。

つまり

供給量＝船腹量×時速×24時間×(365日-停泊日数)

であることから，船腹量の増加(減少)は直接的に供給量を増加(減少)させ，同様に速力の増加(減少)も直接的に供給量を増加(減少)させるが，速力についてはそれを構成する24時間と365日は定数項であるため，供給量を増加(減少)させる要因となるのは時速と停泊日数である。

4) 日本における終身雇用制と年功序列型賃金の一つの基礎となっている固定給制度には，モラル・ハザードと呼ばれるところの，社会や組織にとって望ましくない経済活動の水準つまり非効率的な経済活動の水準が選ばれるという問題がある。

付図1は，横軸に労働努力，縦軸に労働者の給与(生産額)を測り，ある海運企業の生産額曲線OP，給与曲線W1W1'，労働者の無差別曲線UL1，同UL2を描いたもので，労働者の労働努力が高まれば生産額が増加するものとしよう。

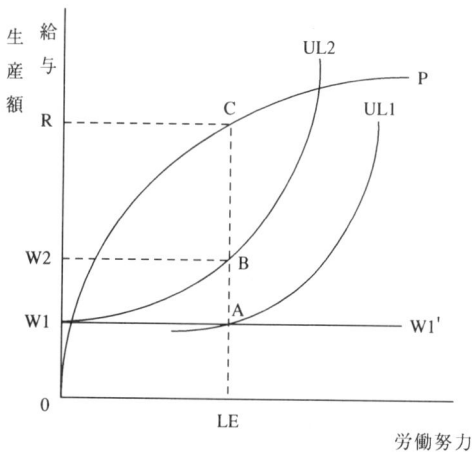

付図1 終身雇用と固定給与制の問題点

いま，労働者の給与をW1とすれば，企業は給与曲線と労働者の無差別曲線UL1の交点Aに対応する労働努力LEを労働者がするものと期待するが，労働者は給与が一定であるため労働努力をまったくしなければ(つまりW1W1'上の左端の点W1の労働努力を選べば)，その点で給与曲線と左上方にある無差別曲線UL2が交差しているために結果として高い効用を得ることができる。しかし，企業にとっては，労働努力がゼロであるため生産額もゼロとなり，給与に相当する損失が発生することになる。そのため，労働者が労働努力の水準LEを選べば，点W1と同じ効用が得られるように給与をW2にすれば，企業はW2R(=BC)の利潤を獲得できるようになる。

なお，これは船舶の運航(操縦)については該当しないが，海運企業における営業などの陸上部門については該当する。

【参考文献】

熊谷尚夫『現代経済学入門』日本評論社、昭和35年。
大石泰彦編『現代経済学入門』有斐閣、昭和39年。
中西健一・平井都士夫編『新版 交通概論』有斐閣双書、昭和57年。
C.P.Kindleberger and P.H.Lindert, *International Economics*, 7th ed.,R.D.Irwin, 1982(相原光・緒田原涓一・志田明訳『国際経済学』第6版、評論社、1983年)。
澤喜司郎編著『海運論入門』八千代出版、昭和60年。
荒憲治郎・福岡正夫編『経済学』有斐閣双書、昭和63年。
小田正雄・鈴木克彦・井川一宏・阿部顕三『ベーシック国際経済学』有斐閣ブックス、1989年。
J.J. Evans and P.B. Marlow, *Quantitative Methods in Maritime Economics*, Fairplay Publications, 1990.
吉田茂・高橋望『国際交通論』世界思想社、1995年。
山田英雄「海運市場における需給自衡メカニズム(後編)」『海事産業研究所』No.363、1996年9月。
奥野正寛『ミクロ経済学入門』日経文庫、1998年。

第1章　貿易量と海運需要量の決定の理論

1・1　部分均衡分析による貿易量の決定

(1) 虚構の世界価格と貿易量

　世界価格は世界市場での均衡価格をいい，それは現実には存在しない価格ではあるが，距離(輸送費)を捨象した純粋貿易理論では往々にもちいられる概念である。

　ここでは，まず世界価格がどのようにして決定されるかを，2国1財モデルをもちいて説明しよう。いま，世界には完全競争下にある先進国と途上国の2国が存在し，ともに閉鎖経済下にあり，両国とも同一の工業品を生産しているものとする。図 1-1(a)は先進国における工業品に関する国内市場を描いたもので，直線 Da はその需要曲線を，直線 Sa は供給曲線を表し，同様に同図(c)は途上国における工業品に関する国内市場を描いたもので，直線 Dc はその需要曲線，直線 Sc は供給曲線を表し，それぞれの横軸には数量(需給量)，縦軸には価格・費用が測られている。なお，ここでは為替の問題を考慮せず，同一の通貨が使用されているものとする。[1]

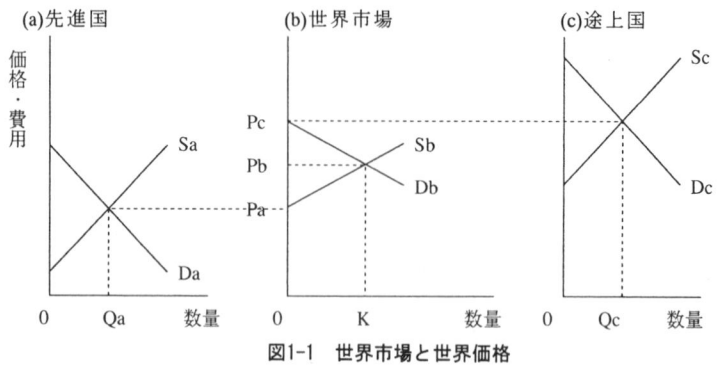

図1-1　世界市場と世界価格

そして，閉鎖経済の下では両国とも工業品に対する需要と供給が等しくなるような状態にあり，超過供給あるいは超過需要はともにゼロであるため，先進国での均衡価格は Pa，均衡数量(生産量=消費量)は Qa，途上国での均衡価格は Pc，均衡数量は Qc となる。なお，ここでは先進国の工業品は途上国の工業品よりも安くなるように設定されている。

さて，先進国と途上国の両国間で工業品の自由貿易が行われれば(ただし輸送費については考慮しないものとする)，世界市場での需要と供給が一致するように価格が変動し，先進国の超過供給曲線(世界市場における供給曲線：直線 Sb)と途上国の超過需要曲線(世界市場における需要曲線：直線 Db)が交差するところで需要と供給が均衡するため，工業品の世界価格(自由貿易均衡価格)は Pb となり，同図に従えば先進国は数量 K の工業品を途上国に輸出し，途上国は数量 K の工業品を先進国から輸入し，この数量 K が工業品の貿易量となる。[2]

(2) 世界価格と輸入国の貿易利益

貿易を行うことによる輸入国(途上国)の利益を部分均衡分析をもちいて閉鎖経済時(貿易前)と貿易後の比較によってみてみよう。ただし，ここでは輸送費については考慮しないものとする。

図 1-2 は，完全競争下にある輸入国(途上国)の工業品に関する国内市場を描

第1章 貿易量と海運需要量の決定の理論　15

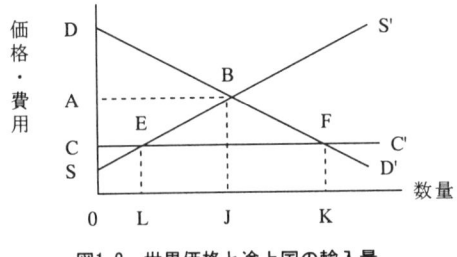

図1-2　世界価格と途上国の輸入量

いたもので，横軸には需給量，縦軸には価格・費用が測られ，需要曲線を直線DD'，供給曲線を直線SS'とすれば，閉鎖経済において価格がAの時に生産量も消費量もともにJとなり，需要と供給が均衡し，したがってAが均衡価格となる。

いま，途上国が工業品の自由貿易を行えば，途上国における工業品の生産者および消費者は世界市場での価格(世界価格)に直面することになり，世界価格をCとすれば途上国では工業品の価格がAからCに低下するため，途上国における工業品の消費量はK，生産量はLとなり，消費量と生産量の差つまりLKが工業品の輸入量，すなわち距離(輸送費)を考慮しない場合の海運需要量となる。

さて，途上国には利害を異にする経済主体が多く存在すると考えられるが，ここでは経済主体を工業品の生産者と消費者に大別し，それぞれの利益を

　　途上国の利益＝生産者の利益＋消費者の利益
　　　(総余剰)　　(生産者余剰)　　(消費者余剰)

として，閉鎖経済時と貿易(輸入)後の総余剰を比較してみよう。

まず，閉鎖経済の下では生産者余剰(収入から費用を引いた残りで，それは利潤と固定費の合計を指す)は三角形ABS(長方形ABJO - 四角形SBJO)の面積に等しく，消費者余剰(消費者が最大限支払ってもよいと考える金額から実際に支払った金額を引いた残り)は三角形DBA(四角形DBJO - 長方形ABJO)の面積となり，そのため総余剰はその合計である三角形DBS(三角形ABS＋三角形DBA)の面積に等しい。

他方，貿易後には生産者余剰は三角形CES(長方形CELO - 四角形SELO)の

面積,消費者余剰は三角形 DFC(四角形 DFKO- 長方形 CFKO)の面積,総余剰は四角形 DFES(三角形 CES+三角形 DFC)の面積となる。

したがって,総余剰は閉鎖経済の下での三角形 DBS の面積から貿易後には四角形 DFES の面積へと三角形 BFE の面積分増加するため,途上国は先進国から工業品を輸入することによって一国の利益(総余剰)を増加することができる。

なお,貿易を行うことによって途上国一国の利益は増加するが,ここで留意すべきはその国内分配であり,図1-3 に示されるように,工業品を輸入することによって消費者余剰は三角形 DBA の面積から三角形 DFC の面積へと四角形 ABFC の面積分増加するのに対して,生産者余剰は三角形 ABS の面積から三角形 CES の面積へと四角形 ABEC の面積分減少することになる。そのため,生産者は工業品の輸入に反対し,また工業品を輸入する場合には自産業の保護を要求することがあるが,その経済的根拠がここにある。

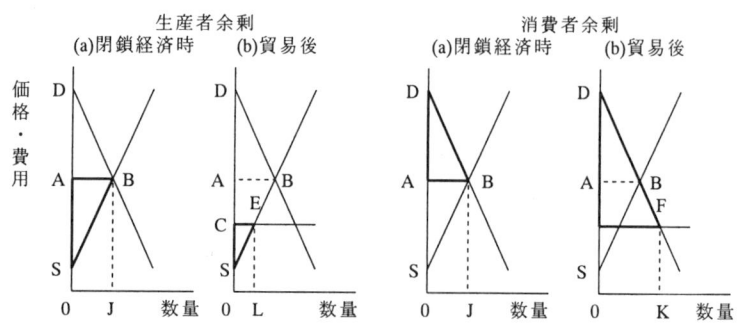

図1-3 途上国における生産者余剰と消費者余剰の変化

(3) 世界価格と輸出国の貿易利益

貿易を行うことによる輸出国(先進国)の利益を部分均衡分析をもちいて閉鎖経済時(貿易前)と貿易後の比較によってみてみよう。ただし,ここでは輸送費については考慮しないものとする。

図 1-4 は，完全競争下にある輸出国(先進国)工業品に関する国内市場を描いたもので，横軸には需給量，縦軸には価格・費用が測られ，需要曲線を直線 DD′，供給曲線を直線 SS′ とすれば，閉鎖経済において価格が A の時に生産量も消費量もともに J となり，需要と供給が均衡し，したがって A が均衡価格となる。

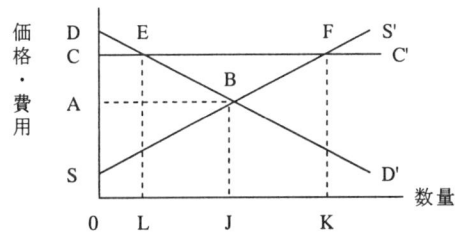

図1-4　世界価格と先進国の輸出量

いま，先進国が工業品の自由貿易を行えば，先進国における工業品の生産者および消費者は世界価格に直面することになり，世界価格を C とすれば先進国では工業品の価格が A から C に上昇するため，先進国における工業品の生産量は K，消費量は L となり，生産量と消費量との差つまり LK が工業品の輸出量，すなわち距離(輸送費)を考慮しない場合の海運需要量となる。

そして，閉鎖経済時と貿易(輸出)後の総余剰を比較すると，閉鎖経済の下では生産者余剰は三角形 ABS の面積，消費者余剰は三角形 DBA の面積に等しく，貿易後には生産者余剰は三角形 CFS の面積，消費者余剰は三角形 DEC の面積となる。したがって，総余剰は閉鎖経済の下での三角形 DBS の面積から貿易後には四角形 DEFS の面積へと三角形 EFB の面積分増加するため，先進国は工業品を途上国に輸出することによって一国の総余剰を増加することができる。

また，その国内分配をみると，図 1-5 に示されるように，工業品を輸出することによって生産者余剰は三角形 ABS の面積から三角形 CFS の面積へと四角形 CFBA の面積分増加するのに対して，消費者余剰は三角形 DBA の面積から

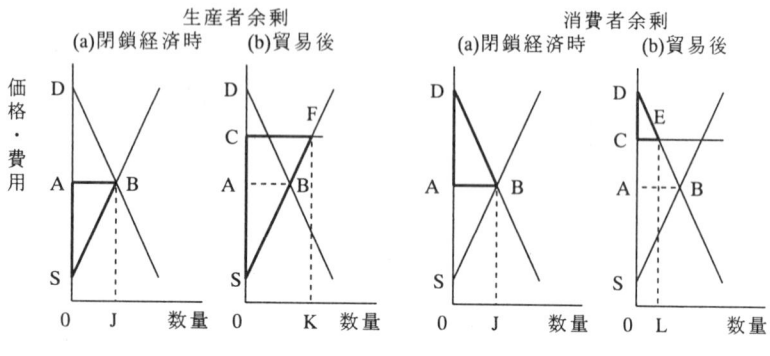

図1-5 先進国における生産者余剰と消費者余剰の変化

三角形 DEC の面積へと四角形 CEBA の面積分減少することになる。[3]

1・2 輸送費と海運需要量の決定

(1) 海運需要量の決定

　海運需要量がどのようにして決定されるかを，2国1財モデルによって説明しよう。

　図1-6の上半分には前掲の図1-1が描かれ，先進国と途上国の両国間で工業品の自由貿易が行われれば工業品の世界価格は Pb となり，PbQ が工業品の貿易量(厳密には輸送費を考慮しない場合の貿易量)となる。同図の下半分は世界海運市場を描いたもので，横軸には数量，縦軸には運賃・費用が測られ，直線 DdK が海運需要曲線，点 F で屈折した直線 SdFSd' が海運供給曲線を表し，海運需要曲線は両国間の工業品の均衡価格差 PaPc と世界市場における均衡数量 PbQ から導かれ，したがって世界市場における両国間の均衡価格差が海運市場における最大支払運賃 Dd(=PaPc) となる。

　なお，海運供給曲線は任意に引かれているが，2国モデルでは2国間の距離(輸送距離)そのものは問題にはならず，そのためこの海運供給曲線は供給量を決定する船腹量と速力のうち船腹量のみが考慮されている。

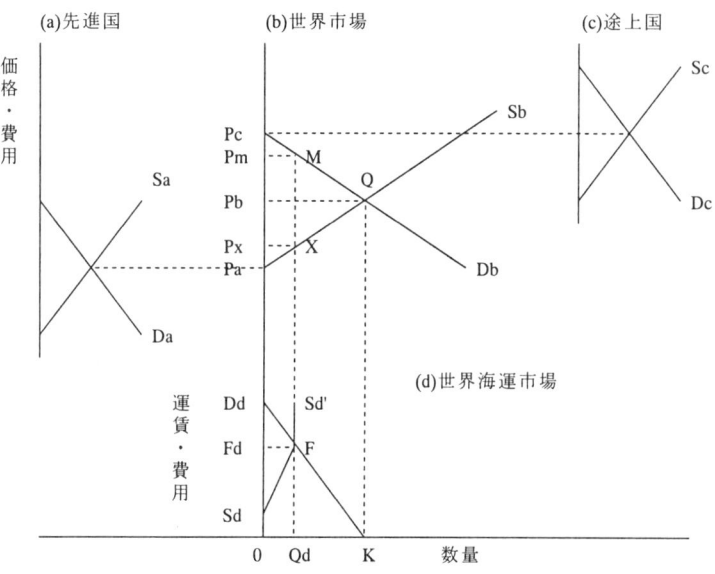

図1-6 世界市場と国際運賃の決定

いま，海運需要曲線 DdK と任意に引かれた海運供給曲線 SdFSd' によって均衡運賃が Fd(=PxPm)，均衡数量つまり輸送量が FdF(=Qd)と決定されたとすれば，運賃は両国における工業品の均衡価格差 PaPc より小さく，そのためこの貿易は実現される(ただし，数量的には制限される)が，運賃がそれぞれの国内均衡価格差より大きければ(つまり海運供給曲線の縦軸上の切片が Dd より上方にあれば)海運市場が成立せず，貿易は実現されない。

また，三角形 PcMPm と三角形 PxXPa の面積の合計は世界海運市場における消費者余剰を表す三角形 DdFFd の面積に等しく，四角形 PmMXPx の面積は世界海運市場における運賃収入を表す四角形 FdFQdO の面積に等しくなっている。

(2) 輸送費と輸出入価格

輸送費を考慮しない場合と考慮した場合における世界市場の総余剰を比較し

てみよう。以下の図 1-7 は図 1-6(b)の世界市場の部分を拡大したもので，図 1-7(a)に示されるように，輸送費を考慮しない場合の総余剰は三角形 PcQPa の面積，輸送費を考慮した場合の総余剰は四角形 PcMXPa の面積に等しく，そのため輸送費を考慮しない場合と比較して，輸送費を考慮した場合の総余剰は三角形 MQX の面積分少なくなる。これは，輸送費を考慮することによって工業品の貿易量が輸送費を考慮しない場合の K から Qd に減少し，それによって途上国(輸入国)の消費者余剰が三角形 MQN の面積分減少し，同時に先進国(輸出国)の生産者余剰が三角形 NQX の面積分減少するからである。

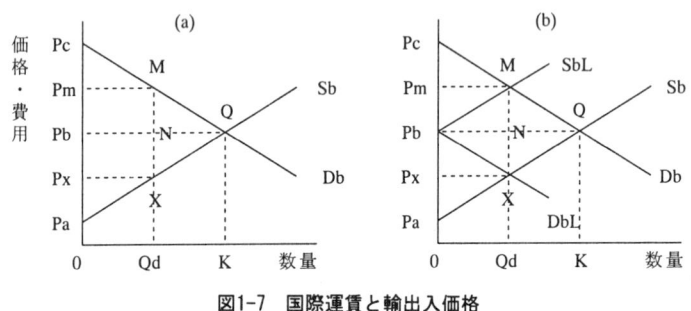

図1-7 国際運賃と輸出入価格

また，輸送費を考慮した場合の総余剰を分配すれば，輸入国の消費者余剰が三角形 PcMPm の面積，輸出国の生産者余剰が三角形 PxXPa の面積，輸送費が四角形 PmMXPx の面積にそれぞれ等しくなる。

そして，輸送費を考慮した場合の輸出入価格の決定は，以下のように説明される。途上国(輸入国)にとっての輸送費を考慮した工業品の輸入価格は，先進国(輸出国)内における工業品の均衡価格に単位量あたりの輸送費を加えたものとなり，それは世界市場における工業品の供給曲線が輸送費に相当する分だけ(ここでは単位量あたり輸送費を PaPb とする)上方にシフトすると考えればよい。つまり，図 1-7(b)では輸送費を考慮しない場合の工業品の供給曲線は直線 PaSb であるが，輸送費を考慮することによって供給曲線が直線 PbSbL にシフトし，その新しい供給曲線と需要曲線である直線 PcDb の交点によって工業品の輸入価格 Pm が決定される。

他方，先進国(輸出国)にとっての輸送費を考慮した工業品輸出価格は，途上国内における工業品の均衡価格から単位量あたりの輸送費を引いたものとなり，それは世界市場における工業品の需要曲線が輸送費に相当する分だけ(ここでは単位量あたり輸送費を PbPc とし，PbPc=PaPb とする)下方にシフトすると考えればよい。つまり，図 1-7(b)では輸送費を考慮しない場合の工業品の需要曲線は直線 PcDb であるが，輸送費を考慮することによって需要曲線は直線 PbDbL にシフトし，その新しい需要曲線と供給曲線である直線 PaSb の交点によって工業品の輸出価格 Px が決定される。

そして，途上国にとっての輸送費を考慮した工業品の輸入価格と，先進国にとっての輸送費を考慮した工業品の輸出価格の差が輸送費である。

(3) 輸送費と輸入国の貿易利益

輸送費を考慮した工業品の輸入価格をもちいて，途上国における閉鎖経済時と貿易後の総余剰を比較してみよう。

図 1-8 は，完全競争下にある途上国(輸入国)の工業品に関する国内市場を描いたもので，横軸には需給量，縦軸には価格・費用が測られ，直線 DD'は需要曲線，直線 SS' は供給曲線を表し，世界価格(輸送費を考慮しない)を C とし，いま輸送費を考慮した工業品の輸入価格を Pm とすれば，工業品の消費量は N，生産量は M となり，消費量と生産量の差 MN が工業品の輸入量すなわち海運

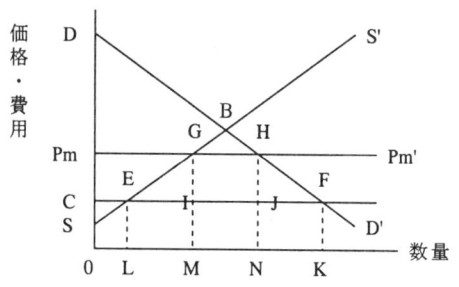

図1-8 輸送費と途上国の輸入量

需要量となり，消費者余剰は三角形DHPmの面積，生産者余剰は三角形PmGSの面積，総余剰は四角形 DHGS の面積にそれぞれ等しく，総余剰は閉鎖経済時と比較すると三角形 BHG の面積分大きくなる。

この総余剰を輸送費を考慮しない場合(つまり世界価格 C で工業品が輸入された場合)と比較すると，輸送費を考慮すれば総余剰は四角形 GHFE の面積分減少し，その国内分配をみると，図 1-9 に示されるように，輸送費を考慮すれば消費者余剰は四角形 PmHFC の面積分減少し，生産者余剰は四角形 PmGEC の面積分増加することになる。

そして，工業品の輸入に伴う海上輸送を途上国が行えば，同国の総余剰は海上輸送を行わない場合よりも増加することになる。例えば，途上国における経済主体を工業品の生産者と消費者，海運業者に大別し，それぞれの利益を

途上国の利益＝生産者の利益＋消費者の利益＋海運業者の利益
　　(総余剰)　　(生産者余剰)　　(消費者余剰)　　　(輸送利潤)

とすれば，図 1-8 において，運賃収入が四角形 GHJI の面積の２倍(世界市場における工業品の需要曲線と供給曲線の傾きの絶対値が等しければ)に等しく，それから海上輸送費用(図 1-8 においては不明)を引いた残りが海上輸送による利潤となる。そのため，それがプラスである限り，海上輸送を行うことによって途上国の総余剰は増加し，ここに途上国では海上輸送を先進国に依存するのではなく自国で行おうとする経済的誘因がある。

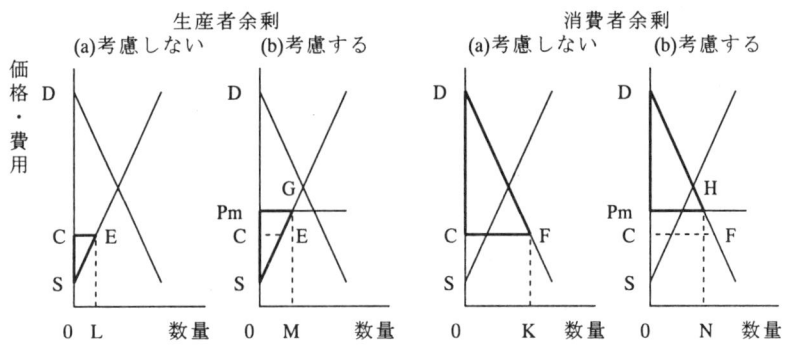

図1-9　途上国における輸送費の影響

(4) 輸送費と輸出国の貿易利益

輸送費を考慮した工業品の輸出価格をもちいて,先進国における閉鎖経済時と貿易後の総余剰を比較してみよう。

図1-10は完全競争下にある先進国(輸出国)の工業品に関する国内市場を描いたもので,横軸には需給量,縦軸には価格・費用が測られ,直線DD'は需要曲線,直線SS'は供給曲線を表し,世界価格(輸送費を考慮しない)をCとし,いま輸送費を考慮した工業品の輸出価格を P_x とすれば,工業品の生産量はN,消費量はMとなり,生産量と消費量の差MNが工業品の輸出量すなわち海運需要量となり,その時の消費者余剰は三角形 DGP_x の面積,生産者余剰は三角形 P_xHS の面積,総余剰は四角形DGHSの面積に等しく,総余剰は閉鎖経済時と比較して三角形GHBの面積分大きくなる。

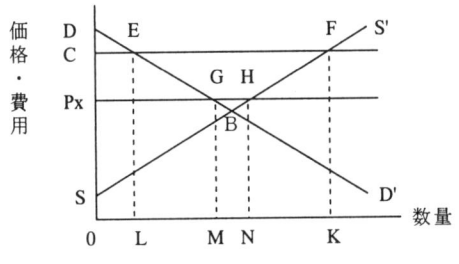

図1-10 輸送費と先進国の輸出量

この総余剰を輸送費を考慮しない場合(つまり世界価格Cで工業品が輸出された場合)と比較すると,輸送費を考慮すれば総余剰は四角形EFHGの面積分減少し,その国内分配をみると,図1-11に示されるように,輸送費を考慮すれば消費者余剰は四角形 $CEGP_x$ の面積分増加するが,生産者余剰は四角形 $CFHP_x$ の面積分減少することになる。

また,工業品の輸出に伴う海上輸送を先進国が行えば,海上輸送による利潤がプラスである限り,同国の総余剰は海上輸送を行わない場合よりも増加し,

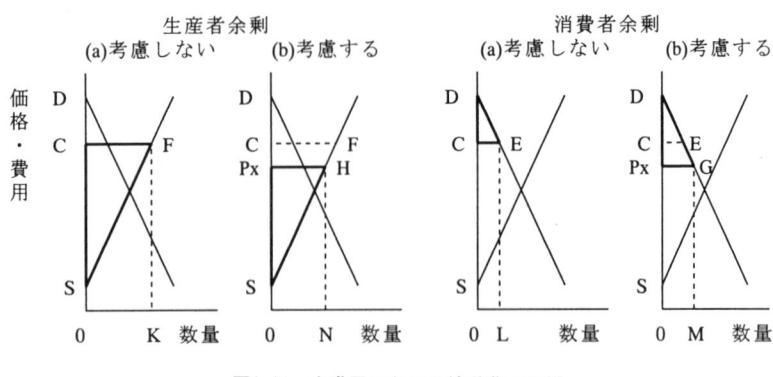

図1-11　先進国における輸送費の影響

総余剰を増加しようとすれば先進国では海上輸送を途上国に依存するのではなく自国で行おうとする経済的誘因が働くことになる。

1・3　輸送距離と海運需要量の決定

(1)　輸送距離の図示

輸送距離を考慮した場合に輸送費がどのように決定されるかを説明しよう。2国1財モデルにおいては，前述のように，2国間の輸送距離そのものは問題にはならず，海運供給量を決定する船腹量と速力のうち船腹量のみを考慮(海運供給曲線に反映)すればよいことは，以下のように図解される。

図1-12は，図1-6をベースとして先進国(輸出国)と途上国(輸入国)の工業品に関するそれぞれの国内市場と，世界市場および世界海運市場を描いたものである。ここでは輸送距離を考慮するために，先進国と途上国のあいだの輸送距離が同図の先進国の国内市場における均衡点Aから世界市場を描いている縦軸までの長さAPaによって表されるものとしよう。そして，輸送距離を考慮した場合の世界市場における工業品の需要量あるいは供給量は，輸送距離を考

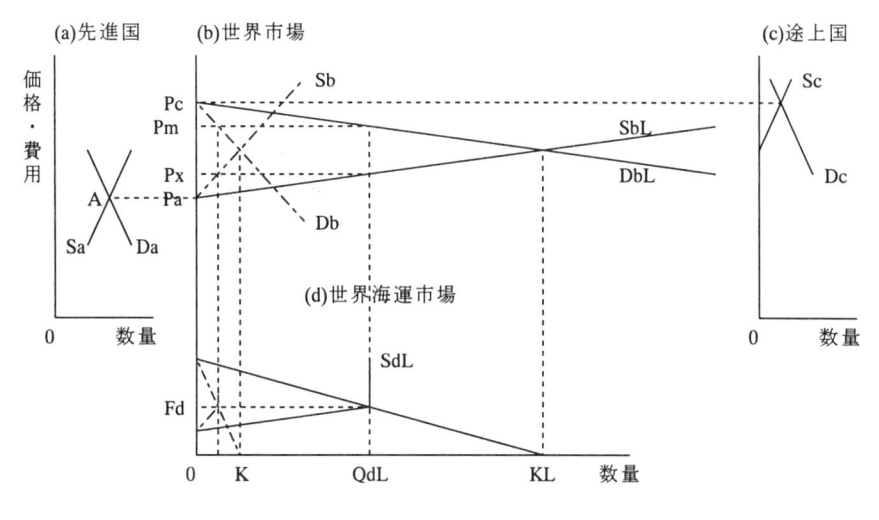

第1章 貿易量と海運需要量の決定の理論　25

図1-12　距離を考慮した場合の国際運賃の決定

慮しない場合の需要量あるいは供給量に2国間の輸送距離を掛けた長さによって図示することができる。ただし、ここでは貿易量および輸送距離の単位は無視されて描かれている。

そして、輸送距離を考慮した場合の世界市場における需要曲線 PcDbL および供給曲線 PaSbL は実線で、図1-6で示された輸送距離を考慮しない場合の需要曲線 PcDb および供給曲線 PaSb は一点破線で描かれ、それは世界海運市場についても同じである。また、輸送距離を考慮した場合の屈折した海運供給曲線 SdL は、輸送距離を考慮しない場合の任意の海運供給曲線 SdFSd' をもとに描かれているが、ここでも距離や速力の単位は無視され、単に距離=速力とされている。

したがって、図1-12では輸送距離を考慮した場合の世界海運市場における均衡数量は QdL となる。なお、均衡運賃が輸送距離を考慮しない場合と同じであるのは、輸送距離と運賃の関係が同図では規定されていないからであり、この点については後述する。

(2) 輸送距離と貿易相手国

輸送費のもつ意味を輸出国が2国,輸入国が1国という3国1財モデルをもちいて説明しよう。同じ産業構造をもつ先進国 E 国と F 国は同一の工業品を同一の価格で生産しているが,輸出先である途上国までの距離は E 国からの距離よりも F 国からの距離の方が短く,輸送費は輸送距離に正比例するものとしよう。そして,途上国は輸送費を含む工業品の輸入価格の安い国から輸入するとすれば,ここでは輸出国までの距離が近い F 国から途上国は工業品を輸入することになる。

これを図解したものが図 1-13 で,同図では図 1-12 と同様に E 国と F 国のそれぞれの国内市場における均衡点から世界市場を描いている縦軸までの長さを距離とし,E 国から途上国までの距離が EP,F 国から途上国までの距離が FP の長さによって表されているものとするが,ここでも貿易量および距離の単位は無視されている。また,輸送距離を考慮しない世界市場における需要曲線を直線 PcDb,E 国および F 国のそれぞれの超過供給曲線を直線 PS,それを合計した総超過供給曲線(世界市場における供給曲線)を直線 PSEF とすれば,距離を捨象した純粋貿易理論では需要曲線 PcDb と総超過供給曲線 PSEF の交点 G で世界価格と貿易量が決定されることになる。

しかし,輸送距離を考慮すれば,途上国にとっての輸送費を含む工業品の輸入価格は先進国(輸出国)内における均衡価格に単位量あたりの輸送費を加えたものに等しく,それは世界市場における超過供給曲線が輸送費に相当する分だけ上方にシフトすることになる。そして,輸送費は定義により距離に正比例するため,直線 PmFSEL が輸送費を含む E 国の超過供給曲線,直線 PPHSFL が F 国の輸送費を含む超過供給曲線,点 H で屈折した直線 PPHSEFL が輸送費を含む両国合計の工業品の総超過供給曲線を表すものとしよう。

この時,世界市場では需要曲線 PcDb と輸送費を含む総超過供給曲線 PPHSEFL との交点 H によって価格および数量が決定され,輸送費を含む世界価格は

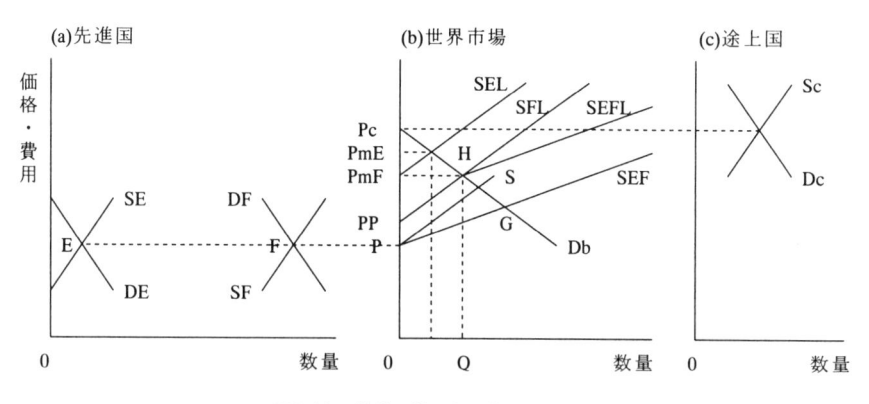

第1章 貿易量と海運需要量の決定の理論　27

図1-13　輸送距離と貿易相手国の決定

PmF，輸出入量は Q となり，同図では輸送費を含む輸入価格の安い F 国から途上国は工業品を輸入することになる。なお，途上国において工業品に対する需要が増大し，他の条件を不変とすれば，同図では途上国は F 国と E 国の両国から工業品を輸入することになる。

(3) 輸送費と海運供給量

　途上国は F 国から工業品を輸入することを図 1-13 によって図解したが，ここでは輸送費の図示について改めて簡単に説明しておこう。

　図 1-13 では E 国から途上国までの距離が EP，F 国から途上国までの距離が FP の長さによって表され，そこでは EP=3FP となるように描かれていた。また，貿易量および距離の単位は無視されていたが，ここでも貿易量および距離の単位を無視して考えることにする。

　図 1-14 は，図 1-13 の世界市場と新たに世界海運市場を描いたもので，例えば E 国に関して描かれた同図(a)において海運需要曲線を直線 DEDE'，物理的限界生産量を表す直線つまり海運供給曲線を QESdE とすれば，均衡運賃=輸送費は FE(=PxEPmE)，均衡数量(輸送量)は QE，途上国における輸送費を含む工業品の輸入価格は PmE となる。これに対して F 国に関して描かれた同図(b)

28

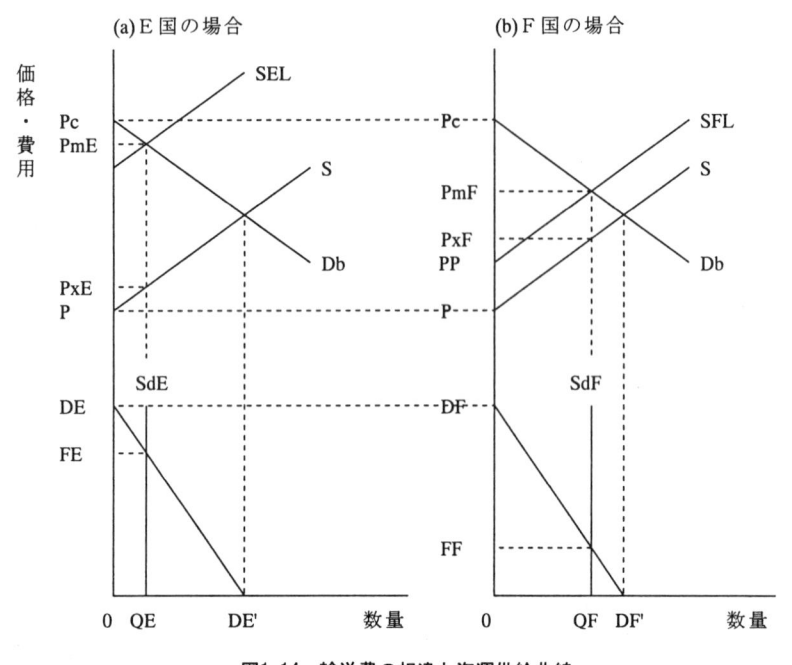

図1-14 輸送費の相違と海運供給曲線

において，海運需要曲線を直線 DFDF′，物理的限界生産量を表す直線つまり海運供給曲線を QFSdF とすれば，均衡運賃=輸送費は FF(=PxFPmF)，均衡数量(輸送量)は QF，途上国における輸送費を含む工業品の輸入価格は PmF となり，したがって途上国は輸入価格の安い F 国から輸入することになる。

そして，物理的限界生産量を表す直線が描かれている位置の違いは，以下のように説明される。つまり，図上において E 国から途上国までの距離と F 国から途上国までの距離の関係が上述のように EP=3FP と定義され，また輸送費は輸送距離に正比例するという前提の下で，同一の船舶をもって一定の期間内に一定量の工業品を途上国へ輸送するためには，E 国は F 国の3倍の輸送能力=海運供給量を必要とする。言い換えれば，E 国と F 国の船腹量が等しいものとすれば，途上国までの輸送距離が E 国の 1/3 である F 国は，E 国の 3 倍の海運供給量を有することになり，そのため図 1-14 では F 国の物理的限界生産量

(4) 輸送距離と海運供給量

　世界市場における工業品の需要曲線や供給曲線，それに海運需要曲線にはこれまで輸送距離が反映されていなかったために，ここでは輸送距離を考慮した場合の世界市場における工業品の需要曲線や供給曲線，同じく輸送距離を考慮した海運需要曲線，速力を考慮した海運供給曲線を描き，輸送費がどのように設定されていたかを説明しよう。ただし，ここでも距離や速力の単位は無視され，単に距離＝速力として描かれている。

　さて，図 1-15 は世界市場と世界海運市場を描いたもので，E 国に関して描かれた同図(a)において輸送距離を考慮した世界市場における工業品の需要曲線を直線 PcDEL，供給曲線を直線 PSEL とすれば，海運需要曲線は DEDEL (DEL=DE'×PE)，物理的限界生産量を表す直線つまり海運供給曲線は QELSdEL (QEL=QE×PE)となる。したがって，輸送距離を考慮した場合の均衡運賃(輸送費)は FE となり，均衡数量(輸送量)は QEL，途上国における輸送費を含む E 国からの工業品の輸入価格は PmE となる。

　そして，F 国に関して描かれた図 1-15(b)においては，途上国までの両国間

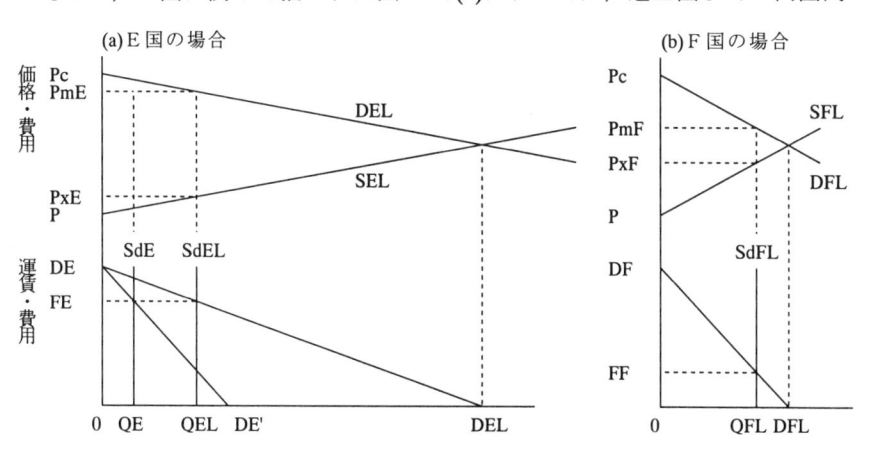

図1-15　輸送距離と海運供給曲線

の距離の関係を表す EP=3FP という設定の下で，世界市場における需要曲線 PcDFL や供給曲線 PSFL，それに海運需要曲線 DFDFL は同図(a)の 1/3 の規模となるように描かれ，また物理的限界生産量を表す直線つまり海運供給曲線 QFLSdFL は，同一の船舶を使用するという条件の下で同図(a)と同一に描かれている。したがって，輸送距離を考慮した場合の均衡運賃(輸送費)は FF，均衡数量(輸送量)は QFL，途上国における輸送費を含む F 国からの工業品の輸入価格は PmF となる。

【注】

1) 為替の問題を考慮すれば，世界価格や貿易量は以下のように決定されることになる。

いま，世界には完全競争下にある先進国と途上国の２国が存在し，いずれも同一の農産品と工業品を生産しているとしよう。付図 1-1 には，先進国と途上国の工業品と農産品に関する国内市場が描かれ，また途上国の国内市場に世界市場も併せて描かれている。なお，添えられている記号は需要曲線については D，供給曲線については S，工業品については M，農産品については A，先進国については a，途上国については c，世界市場については b で表されている。

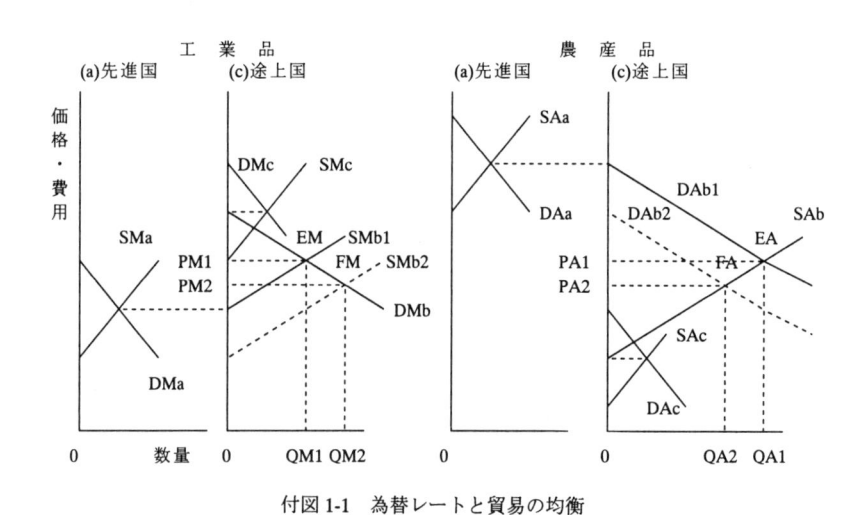

付図 1-1　為替レートと貿易の均衡

さて，為替の問題を無視すれば，工業品の世界価格は PM1，貿易量は QM1，農産品の世界価格は PA1，貿易量は QA1 となり，個々の財では輸出と輸入が均衡しているが，

先進国の工業品輸出額(価格×数量)は長方形 PM1EMQM1O，農産品輸入額は長方形 PA1EAQA1O の面積で表され，為替レートを一定とすれば先進国は輸入超過の状態にあり，輸出と輸入は均衡しないことになる。

このような場合，途上国の通貨に対して先進国の通貨の価値を相対的に低下させるように為替を変化させ(ここでは先進国の為替を切り下げ)，先進国の農産品輸入曲線(世界市場における需要曲線)を直線 DAb1 から直線 DAb2 へと，工業品の輸出曲線(世界市場における供給曲線)を直線 SMb1 から直線 SMb2 へと下方にシフトさせることによって工業品の輸出量が増加し，農産品の輸入量が減少すれば，貿易は均衡する。

2) また，貿易量が世界市場においてどのように決定されるかをオファー曲線をもちいて説明しよう。

付図 1-2 の第Ⅱ象限は縦軸に工業品の輸出量，横軸に工業品の相対価格を測り，先進国における工業品の輸出供給曲線 MEME' を描き，第Ⅳ象限は横軸に農産品の輸入量，縦軸に農産品の相対価格を測り，先進国における農産品の輸入需要曲線 AMAM' を描いたものとする。なお，第Ⅲ象限には工業品の相対価格と農産品の相対価格の対応関係を表す補助線である直角双曲線が描かれている。

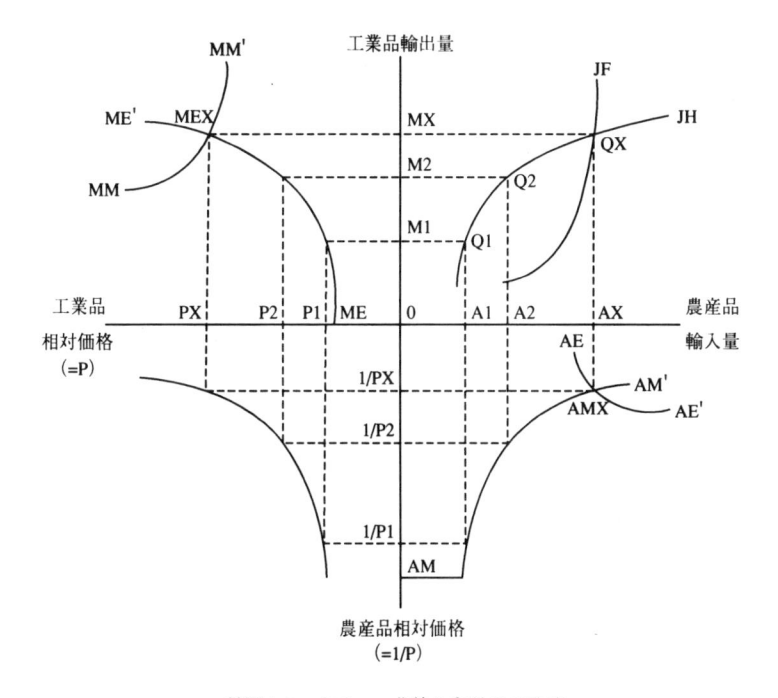

付図 1-2　オファー曲線と貿易量の決定

この時，縦軸に工業品の輸出量，横軸に農産品の輸入量を測った第Ⅰ象限に描かれた曲線 JH が工業品の輸出量と農産品の輸入量の関係を表す先進国のオファー曲線である。オファー曲線とは，相互需要曲線あるいはマーシャル曲線とも呼ばれ，それは輸出供給曲線(輸入量との関係で表される)と輸入需要曲線(輸出量との関係で表される)の両方の性質を有する曲線であり，オファー曲線上の各点の相対価格はその点と原点を結ぶ直線の傾きによって示される。

そして，工業品の輸出量 M1 に対応する工業品の相対価格は P1，1/P1 の農産品の相対価格に対応する農産品の輸入量は A1 となり，したがって工業品の輸出量 M1 と農産品の輸入量 A1 との関係を表す点が第Ⅰ象限の先進国のオファー曲線上の点 Q1 となる。

いま，途上国のオファー曲線を曲線 JF とすれば，両国のオファー曲線が交わる点 QX において両国の輸出入量が一致し，工業品および農産品の貿易量が決定される。

3) ここでは，生産要素の移動が完全であるという前提の下で論じたが，それが不完全な場合には以下のようになる。

付図 1-3 は，途上国の工業品に関する国内市場を描いたもので，横軸には需給量，縦軸には価格・費用が測られ，直線 DD' は需要曲線，直線 SS' は供給曲線(生産要素の国内の移動性がないならば，工業品の供給量は一定となって供給曲線は縦軸に平行な直線となる)を表すものとすれば，閉鎖経済において価格が A の時に消費量も生産量も S となる。

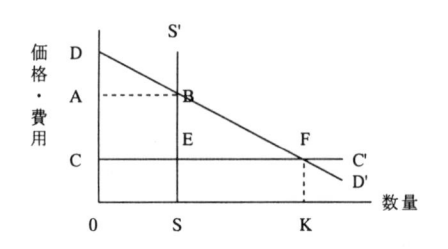

付図 1-3　生産要素の移動の不完全性と貿易利益

いま，途上国が工業品の自由貿易を行い(ただし輸送費については考慮しないものとする)，世界価格を C とすれば，工業品の消費量は K，生産量は S となり，その差 SK が先進国からの工業品の輸入量となる。

そして，閉鎖経済時と貿易(輸入)後の総余剰を比較すると，消費者余剰は三角形 DBA の面積から三角形 DFC の面積へと四角形 ABFC の面積分増加し，生産者余剰は長方形 ABSO の面積から長方形 CESO の面積へと長方形 ABEC の面積分減少する。したがって，総余剰は四角形 DBSO の面積から五角形 DFESO の面積へと三角形 BFE の面積分増加するため，途上国は工業品を輸入することによって一国の総余剰を増加することができる。

【参考文献】

小宮隆太郎・天野明弘『国際経済学』岩波書店，1972年。
高田富夫「海運保護政策の基礎理論」，澤喜司郎編著『海運論入門』八千代出版，昭和60年。
伊東正則・武野秀樹・土屋圭造編『ミクロ経済学要論』有斐閣双書，昭和61年。
山本繁綽『国際経済学』同文館出版，1988年。
小田正雄・鈴木克彦・井川一宏・阿部顕三『ベーシック国際経済学』有斐閣ブックス，1989年。
J.J. Evans and P.B. Marlow, *Quantitative Methods in Maritime Economics*, Fairplay Publications, 1990.
高田富夫『海運産業の成長分析』晃洋書房，1996年。

第2章　海運需要と自国海運の育成の理論

2・1　一般均衡分析による貿易量の決定

(1) 相対価格と均衡数量

　貿易を行うことによる利益を一般均衡分析をもちいて閉鎖経済時(貿易前)と貿易後の比較をするために，まず閉鎖経済時の生産量や消費量の決定についてみてみよう。

　いま，完全競争下にある途上国は資本と労働をもちいて農産品と工業品という2財を生産し，各企業は利潤の極大化を図っているとしよう。[1]

　図2-1は，横軸に農産品の数量，縦軸に工業品の数量を測り，閉鎖経済時の途上国の国民経済を描いたもので，曲線 TT' は生産可能性フロンティアを表し，それは現在の技術の下で利用可能な資源を最も効率的に使用した時に生産可能な2財の組み合わせを表している。そして，農産品の価格を P1，工業品の価格を P2 とすれば，農産品の相対価格は P1/P2 となり，直線 AA' は価格線で，その傾きは農産品の相対価格に負の符号を付けたものに等しいものとする。

　また，曲線 U は社会的無差別曲線を表し，それはその国に同一の効用をも

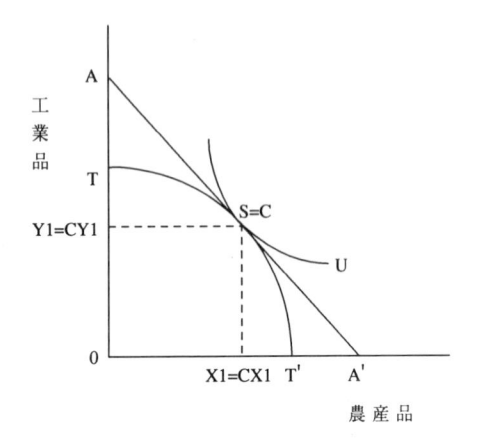

図2-1 閉鎖経済時の均衡数量

たらす一国全体の消費量の組み合わせを描いたものである。なお，ここでは生産可能性フロンティア，価格線，社会的無差別曲線は点 S(=C)でそれぞれ接しているものとする。

さて，農産品および工業品の生産量は，生産可能性フロンティアと価格線の接点 S である生産点で決定され，そのため農産品の生産量は X1，工業品の生産量は Y1 となる。他方，農産品および工業品の消費量はその国の社会的無差別曲線によって表される選好によって決定され，消費量は予算に制約されるとすれば，それは社会的無差別曲線と予算線(ここでは価格線と同一)の接点 C である消費点(閉鎖経済時には生産点と等しい)で決定される。そのため農産品の消費量は CX1，工業品の消費量は CY1 となり，閉鎖経済の下では農産品についても工業品についても生産量と消費量は均衡することになる。

なお，農産品の価格を P1，工業品の価格を P2，農産品の生産量を X1，工業品の生産量を Y1，農産品の消費量を CX1，工業品の消費量を CY1 とすれば，予算制約式は

$$\underbrace{P1CX1+P2CY1}_{\text{支出(需要)}}=\underbrace{P1X1+P2Y1}_{\text{収入(供給)}}$$

となり，これは

P1(CX1-X1)+P2(CY1-Y1)=0

と書き換えられるために，予算制約式は貿易収支の均衡を表すことになる。

(2) 世界市場での相対価格の決定

　貿易を行うとすれば，その国の生産者および消費者は世界市場における相対価格に直面することになり，世界市場における相対価格は図 2-2 に示されるように決定される。ただし，ここでは輸送費については考えないものとする。

　図 2-2 は，完全競争下にある農産品と工業品に関する先進国と途上国の国内市場，それに世界市場を描いたもので，それぞれの横軸には数量，縦軸には価格・費用が測られている。先進国における工業品の需要曲線を直線 DMa，供給曲線を直線 SMa，農産品の需要曲線を直線 DAa，供給曲線を直線 SAa，途上国における工業品の需要曲線を直線 DMc，供給曲線を直線 SMc，農産品の需要曲線を直線 DAc，供給曲線を直線 SAc，世界市場における工業品の需要

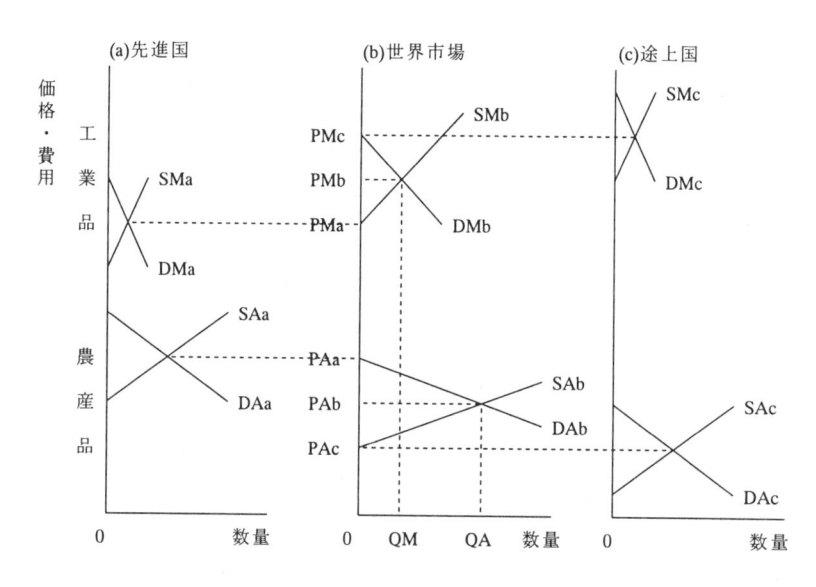

図2-2　世界市場と相対価格

曲線を直線 PMcDMb，供給曲線を直線 PMaSMb，農産品の需要曲線を直線 PAa DAb，供給曲線を直線 PAcSAb が表しているものとする。

いま，途上国内での工業品の均衡価格を PMc，先進国内での工業品の均衡価格を PMa とすれば，世界市場における工業品の均衡価格は PMb となり，同様に途上国内での農産品の均衡価格を PAc，先進国内での農産品の均衡価格を PAa とすれば，世界市場における農産品の均衡価格は PAb となる。そのため，途上国内での農産品の相対価格は PAc/PMc，先進国内では PAa/PMa，世界市場では PAb/PMb となり，それらの間には

　　　　PAc/PMc<PAb/PMb<PAa/PMa

という関係が成り立つように図2-2は描かれている。

また，商品の交換比率は商品の相対価格に等しくなるため，この例では途上国は相対価格の安い農産品を輸出し，相対価格の高い工業品を輸入することになり，その貿易量は農産品については QA，工業品については QM となり，これが輸送費(距離)を考慮しない場合の海運需要量となる。[2]

さらに，世界市場における農産品の均衡価格が PAb，工業品の均衡価格が PMb であるため，途上国が貿易収支の均衡を図ろうとする場合には

　　　　輸出額(PAb×QA)=輸入額(PMb×QM)

とならなければならない。

(3) 相対価格と貿易利益

貿易を行うことによる利益を一般均衡分析をもちいて閉鎖経済時(貿易前)と貿易後の比較によってみてみよう。ただし，ここでも輸送費については考えないものとする。

いま，完全競争下にある途上国は資本と労働をもちいて農産品と工業品という2財を生産し，各企業は利潤の極大化を図っているとしよう。

図2-3は，図2-1と同様に途上国の国民経済を描いたもので，横軸には農産品の数量，縦軸には工業品の数量が測られ，曲線 TT は生産可能性フロンティ

ア，直線 AA' は閉鎖経済時の価格線(その傾きは農産品の相対価格に負の符号を付けたものに等しい)，曲線 U1 は社会的無差別曲線を表しているものとする。

さて，この途上国が貿易を行おうとすれば，世界市場における農産品の相対価格に直面することになり，いま世界市場における農産品の相対価格に負の符号を付けたものが直線 BB' の傾きに等しいものとすれば，途上国の生産点は点 S1 から点 S2 に移動し，消費点は点 C1 から点 C2 に移動するため，農産品の生産量は閉鎖経済時の X1 から X2 に増加するものの工業品の生産量は Y1 から Y2 に減少し，他方，貿易後の社会的無差別曲線を曲線 U2 とすれば，農産品の消費量は CX1 から CX2 に減少し，工業品の消費量は CY1 から CY2 に増加することになる。

したがって，途上国は農産品については生産量と消費量の差 CX2X2(=X2-CX2)を輸出し，工業品については消費量と生産量の差 Y2CY2(=CY2-Y2)を輸入することになり，これが貿易量すなわち輸送費(距離)を考慮しない場合の海運需要量となる。

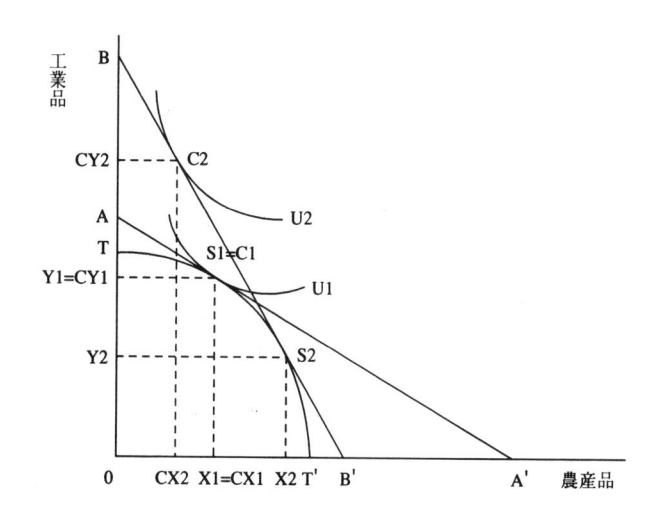

図2-3 貿易後の均衡数量

そして，このような貿易を行うことによって途上国一国の利益は増加し，それは閉鎖経済時と比較して同じ予算線(傾きは異なる)において上位の効用をもたらす社会的無差別曲線 U2 上に消費点が移動したことによって説明される。

2・2 海運需要と輸送費の意義

(1) 世界市場での輸送費を含む均衡価格の決定

世界市場における輸送費を含む均衡価格が，どのように決定されるかをみてみよう。

図 2-4 は，完全競争下にある農産品と工業品に関する先進国と途上国の国内市場，それに世界市場を描いたもので，それぞれの横軸には数量，縦軸には価格・費用が測られている。先進国における工業品の需要曲線を直線 DMa，供給曲線を直線 SMa，農産品の需要曲線を直線 DAa，供給曲線を直線 SAa，途上国における工業品の需要曲線を直線 DMc，供給曲線を直線 SMc，農産品の需要曲線を直線 DAc が，供給曲線を直線 SAc，世界市場における工業品の需要曲線を直線 DMb，供給曲線を直線 SMb，農産品の需要曲線を直線 DAb，供給曲線を直線 SAb が表しているものとする。

この時，途上国における閉鎖経済時の農産品の均衡価格は PAc，工業品の均衡価格は PMc，先進国における閉鎖経済時の農産品の均衡価格は PAa，工業品の均衡価格は PMa となり，ここでは両国共通の農産品の単位量あたり輸送費を FA(FA<PAcPAa)，工業品の単位量あたり輸送費を FM(FM<PMaPMc)としよう。

そして，世界市場における輸送費を含む農産品の均衡価格は，輸送費を含まない農産品の供給曲線 SAb に単位量あたりの輸送費 FA を加算した供給曲線 SAbF と需要曲線 DAb の交点によって決定され，ここでの輸送費を含む農産品の均衡価格は PAbF となり，この時の農産品の貿易量は QAF となる。同様に

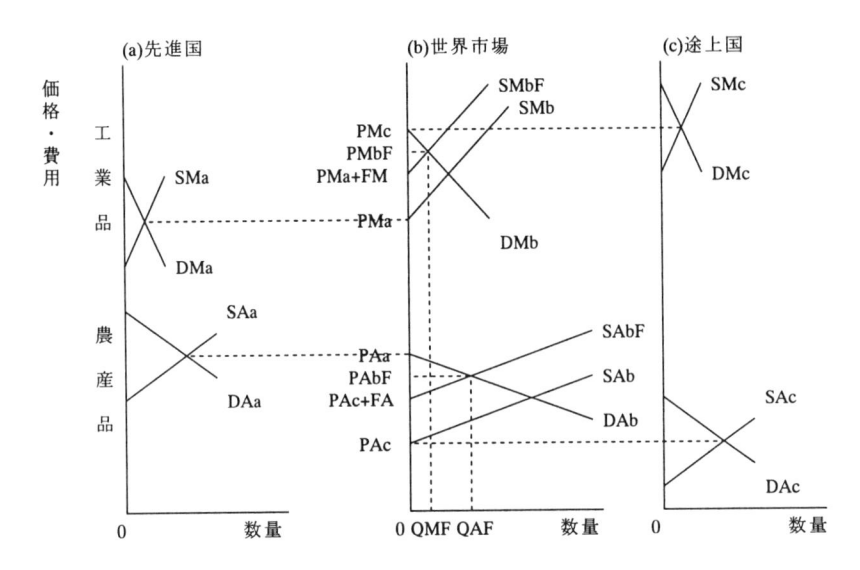

第2章　海運需要と自国海運の育成の理論　41

図2-4　世界市場での輸送費を含む均衡価格の決定

して，輸送費を含む工業品の世界市場における均衡価格は PMbF となり，この時の工業品の貿易量は QMF となる。

　なお，輸送費を考慮した場合には，農産品および工業品の貿易量は輸送費を考慮しない場合よりも少なくなる。

(2) 輸送費を含む相対価格と国内生産

　輸送費を含む相対価格をもちいて貿易を行うことによる途上国の国内生産の変化についてみてみよう。

　いま，完全競争下にある途上国は資本と労働をもちいて農産品と工業品という２財を生産し，各企業は利潤の極大化を図っているとする。

　図2-5は，その途上国の国民経済を描いたものであり，横軸には農産品の数量，縦軸には工業品の数量が測られている。曲線TT'を生産可能性フロンティアとし，直線AA'の傾きが閉鎖経済時の途上国における農産品の相対価格(PAc/PMc)に負の符号を付けたものに等しく，直線BB'の傾きが輸送費を含まない

世界市場における農産品の相対価格(PAb/PMb)に負の符号を付けたものに等しく，直線 CC' の傾きが輸送費を含む世界市場における農産品の相対価格(PAbF/PMbF)に負の符号を付けたものに等しいものとする。なお，ここでは農産品の単位量あたり輸送費と工業品単位量あたり輸送費は等しいものとしている。

さて，途上国が貿易を行い，輸送費を考慮しない場合には農産品の生産量は X2，消費量は CX2 であり，生産量と消費量の差つまり CX2X2 の農産品が輸出され，他方，工業品の生産量は Y2，消費量は CY2 であり，消費量と生産量の差つまり Y2CY2 の工業品が輸入されることになる。これに対して，輸送費を考慮した場合には農産品の生産量は X3，消費量は CX3 であり，CX3X3 の農産品が輸出され，工業品については生産量が Y3，消費量が CY3 であり，Y3CY3 の工業品が輸入されることになる。

そして，図 2-4 に示されたように，輸送費を考慮すれば貿易量は減少するにもかかわらず，ここでは輸送費を考慮しない場合よりも農産品の輸出量や工業品の輸入量が増加しているのは，それらの輸出入量に農産品の数量に換算された輸送費や工業品の数量に換算された輸送費が含まれているからである。

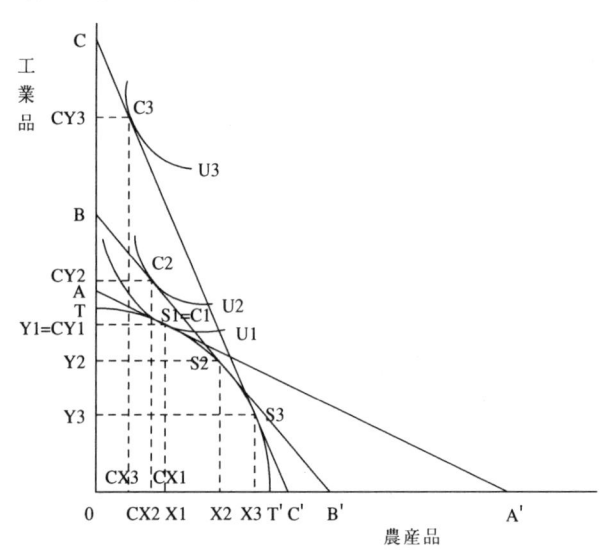

図2-5 輸送費を含む農産品の相対価格と輸出入量

(3) 輸送費の導出と輸送費の支払い

輸送費を含む農産品の相対価格から輸送費を導出してみよう。図2-6は，図2-5の一部を示したもので，直線CC'の傾きは輸送費を含む世界市場における農産品の相対価格に負の符号を付けたものに等しく，直線BRBR'は生産点S3を通り，図2-5の直線BB'(その傾きは輸送費を含まない世界市場における農産品の相対価格に等しい)に平行に引かれたものである。そして，生産点S3から縦軸に向けて引かれた横軸に平行な直線と消費点C3から横軸に向けて引かれた垂線の交点をG，その垂線と直線BRBR'の交点をF，点Fを通り横軸に平行な直線と直線CC'の交点をH，点Hから横軸に向けて引かれた垂線と横軸の交点をJとすれば，GS3(=CX3X3)が輸送費を含む農産品の輸出量，GC3が輸送費を含む農産品の輸出額(輸出量×農産品の相対価格)を表し，GFが輸送費を含まない農産品の輸出額であるため，その差分FC3が工業品の輸送費を

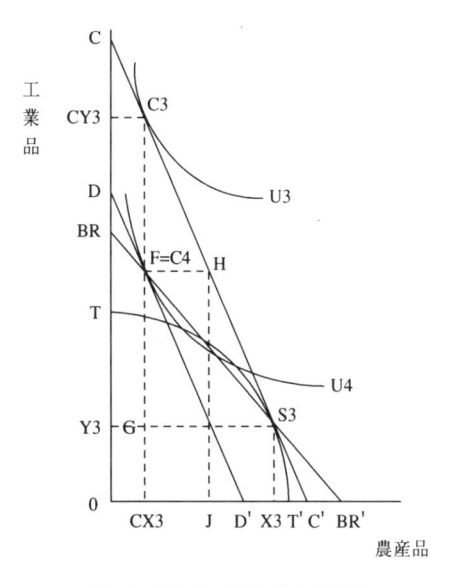

図2-6 輸送費の導出と国民所得

相殺した後の農産品の輸送費となる。[3]

　そして，農産品の輸送費 FC3 を農産品の数量に換算すれば FH(=CX3J)であるため，輸送費を控除した後の農産品の輸出量は JX3 となり，それは輸送費を含まない場合の農産品の輸出量 CX2X2(図 2-5 を参照)よりも少ないことは，図 2-5 および図 2-6 より明らかである。

　さて，農産品の輸出に伴う輸送費を導出したが，この輸送費の意義について考えてみよう。図 2-6 に描かれた直線 DD' は点 F を通り直線 CC' に平行に引かれたものとすれば，縦軸上の C は工業品で表した途上国の国民所得を表し，農産品の輸出に際して輸送費 DC(=FC3)を輸入国に支払う，つまり輸入国の船舶を利用するものとすれば，縦軸上の D は

　　　　　国民所得(C) - 輸送費支出(DC)=支出国民所得(D)

となる。すなわち，輸送費を支払うことによって途上国の国民所得は輸送費分減少し，輸送費に相当する分だけ消費が抑制されることになるため，直線 DD' が輸送費を支払った後の予算線となる。

　したがって，輸送費を輸入国に支払うことによって予算線が下方に移動し，下位の効用をもたらす社会的無差別曲線 U4 上の点 F(=C4)に消費点が移動するため，途上国一国の利益は減少することになる。ここに，貿易に伴う海上輸送を他国に依存することなく途上国が自ら行おうとする経済的誘因がある。

　なお，途上国における農産品の生産量は X3，消費量は CX3，農産品の輸出量は JX3 であるため，その残量 CX3J の農産品が輸送費として先進国によって無償で持ち去られることになる。

(4) 輸送費の取得と国民所得

　農産品の輸出に際してはその輸送を行っている途上国が工業品の輸入に際してもその輸送を行い，輸送費を輸出国(先進国)から取得する場合について検討してみよう。

　図 2-7 は途上国の国民経済を描いた図 2-5 の一部を示したもので，直線 CC'

の傾きは輸送費を含む世界市場における農産品の相対価格に負の符号を付けたものに等しく，直線 C3K は直線 BB' (その傾きは，輸送費を含まない世界市場における農産品の相対価格に負の符号を付けたもの等しい)に平行に引かれたもので，消費点 C3 を通る垂線と点 Y3 と点 S3 を結ぶ直線の交点を G，同じく点 Y3 と点 S3 を結ぶ直線と直線 C3K の交点を H，点 H を通り直線 CC'と平行に引かれた直線を EE' とすれば，GC3(=Y3CY3)が輸送費を含む工業品の輸入量，GS3(=CX3X3)が輸送費を含む工業品の輸入額，GH が輸送費を含まない工業品の輸入額を表すため，その差分 S3H(=C'E')が農産品の輸送費を相殺した後の工業品の輸送費となる。

さて，横軸上の C' は農産品で表された途上国の国内生産を表し，C'E'(=S3H)は工業品の輸送費であるため，途上国が工業品の輸送を行い，輸出国(先進国)

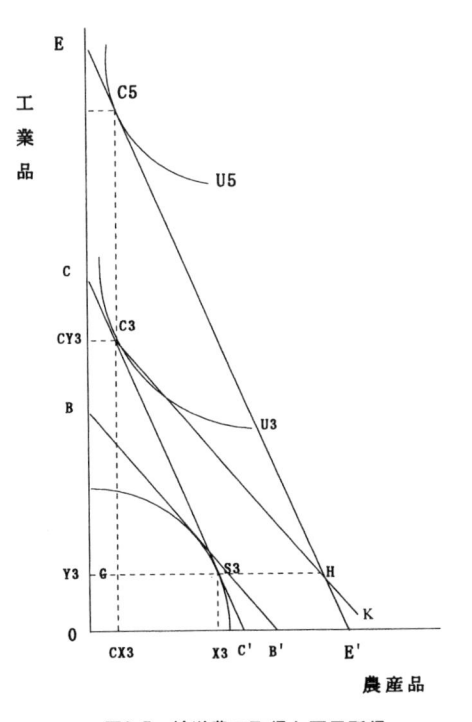

図2-7　輸送費の取得と国民所得

から輸送費を取得するものとすれば，横軸上の E' は

国内生産(C')+輸送費収入(C'E')=国民所得(E')

となる。つまり，農産品の輸出に伴う輸送だけではなく工業品の輸入に伴う輸送をも途上国が行えば，途上国の国民所得は工業品の輸送費分増大し，途上国では取得した輸送費に相当する分だけ2財の消費を拡大することができるため，直線 EE' が予算線となる。

したがって，工業品の輸送費を先進国から取得することによって予算線が上方に移動し，農産品の消費量を不変とすれば，上位の効用をもたらす社会的無差別曲線 U_5 上の点 C_5 に消費点が移動するため，途上国一国の利益は増加することになる。ここに，自国の貿易に伴う海上輸送を独占しようとする経済的根拠が存在する。なお，途上国が輸出する農産品の海上輸送を行っているならば，その復航において輸入する工業品の輸送を行えば，工業品の形状や重量にもよるが，一般には工業品の海上輸送に伴う追加的費用はここではさほど大きな問題とはならない。

このように，自国の輸出入貿易に伴う海上輸送をともに行えば，輸送費を支払う場合と比較して国民所得を増大することができるが，それは基本的には自国の貿易規模(量と輸送距離)に制約されることになる。しかし，後述の三国間輸送の場合には自国の貿易規模とは無関係に海運の輸出を拡大することが可能となり，三国間輸送費の取得によって国民所得を増大することができる。

2・3 海運業と海運の輸出の意義

(1) 海運業と海運の輸出入

農産品の輸出に伴う海上輸送を先進国に依存することなく途上国が自ら行えば，輸送費の支払いによる国民所得の減少を防ぐことができるため，海上輸送を自国で行おうとする国家的経済的誘因が働くことになる。そして，海上輸送

を専門的に行う海運業が一つの産業として成立するならば，一般均衡分析による海運業についての分析も可能になる。

いま，途上国が完全競争の下で資本と労働をもちいて海運と農産品という2財を生産し，各企業は利潤の極大化を図っているとしよう。

図 2-8 はその途上国の国民経済を描いたもので，横軸には海運の数量，縦軸には農産品の数量が測られ，曲線 TT' は生産可能性フロンティア，曲線 U1 は社会的無差別曲線を表し，運賃(海運の価格)を F，農産品の価格を P とすれば運賃の相対価格(相対運賃)は F/P となり，その相対運賃に負の符号を付けたものが直線 AA'(価格線=予算線)の傾きに等しいものとすれば，閉鎖経済の下では海運生産量は X1，農産品生産量は Y1，海運消費量は CX1，農産品消費量は CY1 となり，農産品と海運のそれぞれの生産量と消費量は均衡する。

このように，国内に海運業が成立している場合(あるいは海運が発達している場合)には，貿易が行われれば一つの商品(サービス)として海運が輸出されることもある。なお，ここで言う海運の輸出とは，自国以外の経済主体(荷主)が運賃を支払う場合の海上輸送をいい，理論的には船舶が就航する航路が外航であるか内航であるかは問わない。

さて，この途上国が貿易を行えば，途上国の生産者および消費者は世界市場における相対運賃や農産品の相対価格に直面することになり，世界市場における相対運賃が自国の相対運賃よりも高ければ，途上国は海運を輸出し，農産品を輸入することによって国民所得を増大することができる。

いま，図 2-8 において世界市場における相対運賃に負の符号を付けたものが直線 BB' の傾きに等しいものとすれば，海運生産量は X2，海運消費量は CX2 となり，生産量と消費量の差つまり CX2X2 の海運が輸出され，他方，農産品生産量は Y2，農産品消費量は CY2 となり，消費量と生産量の差つまり Y2CY2 の農産品が輸入されることになる。逆に，世界市場における相対運賃に負の符号を付けたものが直線 AA' の傾きよりも小さければ，途上国は海運を輸入し，農産品を輸出することになる。

なお，このような貿易を行うことによって途上国一国の利益が増加すること

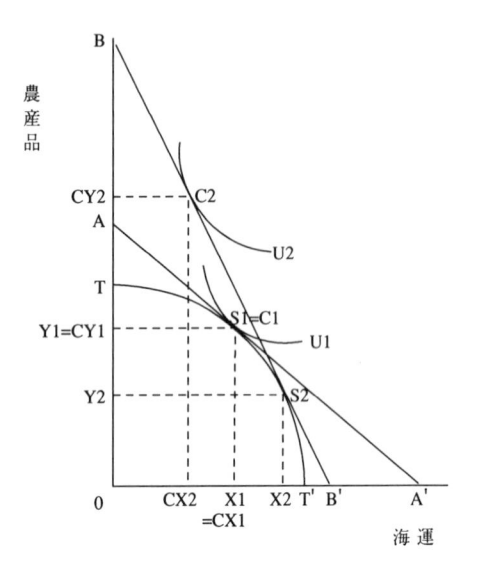

図2-8 海運の輸出と国民所得の変化

は，閉鎖経済時と比較して同じ予算線において上位の効用をもたらす社会的無差別曲線 U2 上の点 C2 に消費点が移動することから明らかであり，このことはすでに述べたとおりである。

(2) 三国間輸送と国民所得

　海運の輸出の一つの形態である三国間輸送についてみてみよう。図 2-9 は，海運に関する先進国 E 国および F 国の国内市場と途上国の国内市場，それに世界海運市場を描いたもので，それぞれの横軸には数量，縦軸には運賃・費用が測られている。直線 DEa を E 国における需要曲線，直線 SEa をその供給曲線，直線 DFa を F 国における需要曲線，直線 SFa をその供給曲線，直線 Dc を途上国における需要曲線，直線 Sc をその供給曲線とすれば，E 国における国内均衡運賃は FE，F 国における国内均衡運賃は FF，途上国内における国内均衡運賃は FC となる。また，直線 FCDb が世界市場における需要曲線(つまり途上国の超過需要曲線)，直線 FESEb が E 国の超過供給曲線，直線 FFSFb が F 国

の超過供給曲線を表しているものとする。

まず，三国間輸送を理解するために E 国と途上国の2国モデルで考えてみよう。この両国で海運が一つの商品(サービス)として取り引きされているとすれば，その時の均衡価格(運賃)は FEb で，ここでは E 国が途上国に海運を輸出し，途上国が海運を E 国から輸入することになり，それは E 国が両国間の輸送や途上国内の輸送を行っていることを意味する。

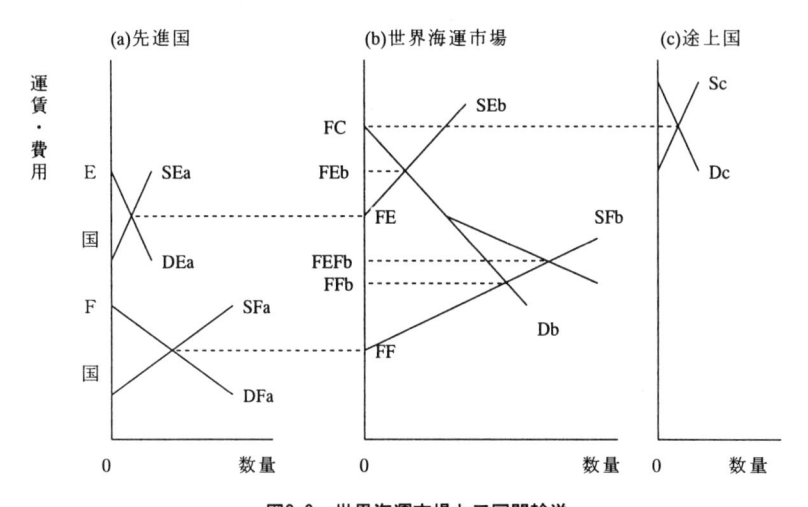

図2-9 世界海運市場と三国間輸送

いま，F 国が世界海運市場に参入してきたとしよう。その結果，距離を考えなければ途上国は E 国から海運を輸入するよりも，言い換えればE国の船舶を利用するよりも F 国の船舶を利用する方が安価なため(FEb>FFb)，途上国は F 国の船舶を利用する(F 国から海運を輸入する)とすれば，途上国では輸送費が安価になる分だけ他の商品の輸入量が増加し，それぞれ貿易利益は増加することになる。参考までに補足しておくと，E 国も F 国から海運を輸入するようになれば，世界海運市場での均衡運賃は FEFb となる。

このように，E 国と途上国の間の貿易に F 国の船舶が就航することを三国間輸送といい，この三国間輸送には理論的には途上国の国内航路に F 国の舟が就航することも含まれる。そして，この三国間輸送(途上国の国内航路への就

航を除く)によってF国は自国の貿易とは関係なく輸送費の取得(国民所得の増大)が可能になるが，ただし三国間輸送は自国の貿易規模に制約されることはないものの，その時の自国の海運資本賦存量や船員労働賦存量などの利用可能な資源の量に制約されることになる。

(3) 三国間輸送と差別運賃

　三国間輸送は，自国の貿易とは関係なく輸送費の取得が可能になるため，三国間市場はその意味で自国の貿易と分断された市場であるといえ，そこでは差別的な運賃が設定されることがある。

　いま，1国の先進国と2国の途上国を想定し，途上国間で貿易が行われ，その輸送を先進国が独占しているとしよう。図2-10は，その先進国の国内海運市場と三国間市場を描いたもので，横軸には数量，縦軸には運賃・費用が測られているが，先進国の国内市場については左へ行くほど数量が多くなるように描かれている。そして，直線DHおよび直線DFはそれぞれの市場における需要曲線，直線MRHおよび直線MRFは限界収入曲線，直線MCMC'は共通の限界費用曲線を表し，三国間市場での需要は先進国内よりも大きく非弾力的とし，先進国内では他の輸送機関と競合するため需要は小さく弾力的であるとする。

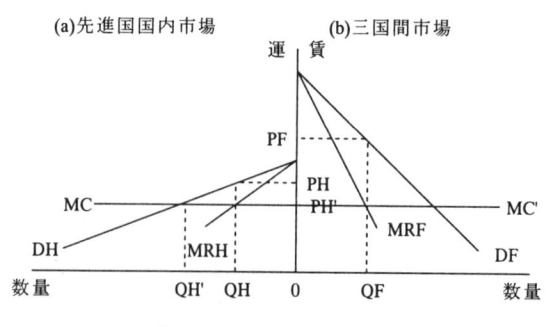

図2-10 三国間市場と運賃差別

　この時，先進国の海運企業が独占利潤を設定すれば，運賃は先進国内ではPH(均衡数量はQH)，三国間市場ではPF(均衡数量はQF)となり，三国間市場

での運賃は先進国内の運賃よりも高くなり，また先進国内では他の輸送機関との競合により運賃が需要曲線と限界費用曲線によって設定されればPH'(均衡数量はQH')となり，三国間市場との運賃格差は一層拡大することになる。

このような差別的運賃が存在すれば，それは途上国において自国海運を育成しようとさせる強力な契機となる。

【注】

1) いま，先進国と途上国は資本と労働という2つの生産要素をもちいて同一の生産技術の下で農産品と工業品という2財を生産し，労働賦存量は両国で同じであるが，資本賦存量は先進国の方が多いとしよう。

付図2-1は，横軸に農産品の数量，縦軸に工業品の数量を測り，直線AA'は両国で労働が完全雇用されるような農産品と工業品の生産量の組み合わせを表し，直線BB'は途上国において資本が完全雇用されるような農産品と工業品の生産量の組み合わせを表しているとすれば，直線BB'と平行な直線DD'は途上国より資本賦存量の多い先進国において資本が完全雇用されるような農産品と工業品の生産量の組み合わせを表すことになる。

さて，農産品部門と工業品部門の労働投入係数(財1単位当たりの生産に必要な労働投入量)をそれぞれ a_{LA}, a_{LM}，資本投入係数(財1単位当たりの生産に必要な資本投入量)をそれぞれ a_{KA}, a_{KM} とすれば，直線AA'の傾きの絶対値は労働投入係数の比率 a_{LA}/a_{LM} となり，直線BB'および直線DD'の傾きの絶対値は資本投入係数の比率 a_{KA}/a_{KM} となる。そして，直線BB'(あるいは直線DD')の傾きは直線AA'の傾きよりも小さく，それは両国において

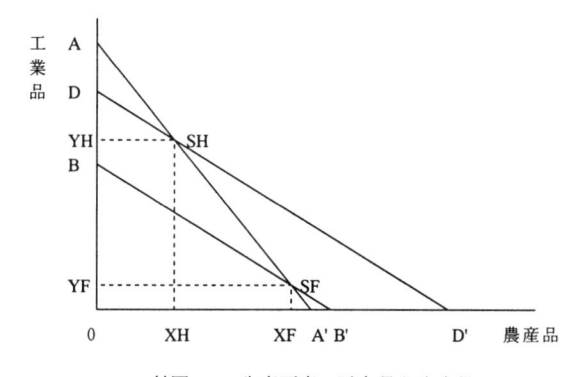

付図2-1 生産要素の賦存量と生産量

aKA/aKM<aLA/aLM

となり，この不等式は

aKA/aLA<aKM/aLM

と書き換えられ，これは工業品部門の資本・労働投入比率(資本の投入量／労働の投入量)が農産品部門の資本・労働投入量比率よりも高いことを意味し，そのため工業品は資本集約的，農産品は労働集約的となる。

そして，直線 AA' と直線 BB' の交点を SF，直線 AA' と直線 DD' の交点を SH とすれば，先進国の生産可能性フロンティアは DSHA'，途上国の生産可能性フロンティアは BSFA' で与えられるために，先進国の生産点は SH，途上国の生産点は SF となり，このとき資本が多い(豊富な)先進国での資本集約的な工業品の生産量は YH であり，それは途上国の YF よりも多く，逆に先進国での労働集約的な農産品の生産量は XH であり，それは途上国の XF よりも少なくなる。

このことは，一定の投入係数の下ではある生産要素の賦存量が増加すれば(図中では直線 BB' が右上方にシフトすれば)，その要素を集約的に使用している産業(ここでは工業品部門)の生産量が増加し，他の産業(ここでは農産品部門)の生産量が減少することを意味する。

2) 世界市場における相対価格の決定について，詳しくは以下のように説明される。

付図 2-2 は，完全競争下にある先進国と途上国の国民経済を描いたもので，それぞれの横軸には農産品の数量，縦軸には工業品の数量が測られている。

同図(a)において，直線 AHAH' を閉鎖経済時の予算線(=価格線)，曲線 UH1 を社会的無差別曲線とすれば，直線 A HAH' の傾きの絶対値は農産品の相対価格，接点 CH1 は消費点を表す。そして，工業品の価格を不変とし，農産品の価格が低下して農産品の相対価格に負の符号を付けたものが直線 AHBH' の傾きに等しいとすれば消費点は点 CH2 に

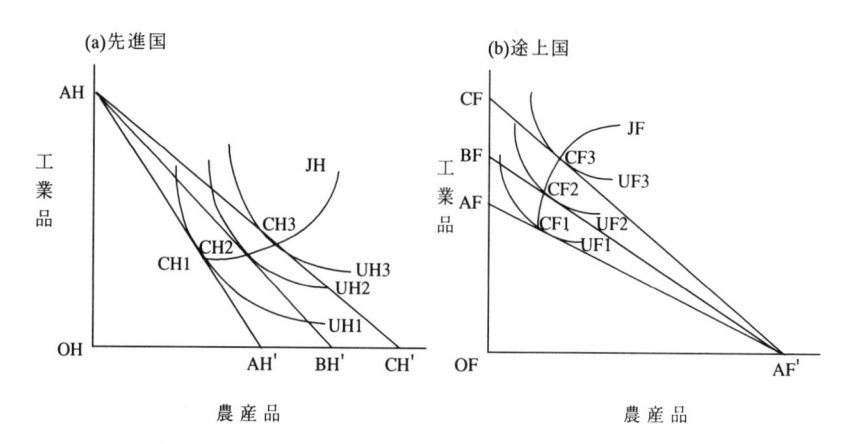

付図 2-2 相対価格の変化と消費点の変化

第2章　海運需要と自国海運の育成の理論　53

移動し，さらに農産品の価格が低下して農産品の相対価格に負の符号を付けたものが直線 AHCH' の傾きに等しいとすれば消費点は点 CH3 に移動する。この消費点の軌跡(曲線 CH1JH)が先進国のオファー曲線となる。

同様に，同図(b)においては直線 AFAF' を途上国の閉鎖経済時の予算線(=価格線)，曲線 UF1 を社会的無差別曲線とすれば，直線 AFAF' の傾きの絶対値は農産品の相対価格，接点 CF1 は消費点を表す。そして，農産品の価格を不変とし，工業品の価格が低下して農産品の相対価格に負の符号を付けたものが直線 BFAF の傾きに等しいとすれば消費点は点 CF2 に移動し，さらに工業品の価格が低下して農産品の相対価格に負の符号を付けたものが直線 CFAF の傾きに等しいとすれば消費点は点 CF3 に移動する。この消費点の軌跡(曲線 CF1JF)が途上国のオファー曲線となる。

さて，付図 2-3 は横軸に農産品の数量，縦軸に工業品の数量を測り，先進国の原点を OH，途上国の原点 OF とし，付図 2-2 の点 AH と点 AFが付図 2-3 の点 AH で重なるように合成したものである。そして，先進国のオファー曲線 CH1JH と途上国のオファー曲線 CF1JF の交点を P とすれば，点 AH と点 P を結ぶ直線の傾きの絶対値が世界市場における農産品の相対価格となり，その逆数が工業品の相対価格となる。

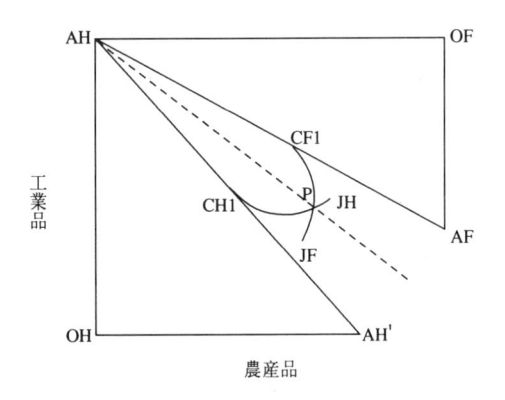

付図 2-3　オファー曲線と相対価格の決定

3) 本章の図 2-6 において FC3 が工業品の輸送費を相殺した後の農産品の輸送費であることは，以下のように説明される。いま，世界市場における輸送費を含まない農産品の均衡価格を PAb，工業品の均衡価格を PMb，農産品単位量あたり輸送費を FA，工業品単位量あたり輸送費を FM，輸送費を含む農産品の均衡価格を PAb+FA，輸送費を含む工業品の均衡価格を PMb+FM としよう。

そして，付図 2-4 は本章の図 2-6 を簡素化して描かれたもので，線分 XS3 の傾きは輸送費を含む農産品の輸送費を含まない工業品に対する世界市場における農産品の相対価

格 (PAb+FA)/PMb に負の符号を付けたもの，線分 C3S3 は農産品も工業品も輸送費を含む世界市場における農産品の相対価格(PAb+FA)/(PMb+FM)に負の符号を付けたもの，線分 FS3 は農産品も工業品も輸送費を含まない場合の世界市場における農産品の相対価格 PAb/PMb に負の符号を付けたものに等しいものとし，また農産品の輸出量 GS3 を E とし，工業品の輸入量 GC3 を M とする。

さて，農産品の輸送費(総額)は輸送費を含む農産品の輸出額から輸送費を含まない農産品の輸出額を引くことによって求められるため

$$FC3 = FX-C3X=(GX-GF)-(GX-GC3)$$

と表され

$$FX=GX-GF= E\frac{PAb+FA}{PMb} - E\frac{PAb}{PMb} = E\frac{FA}{PMb} \cdots\cdots(1)$$

$$C3X= GX-GC3= E\frac{PAb+FA}{PMb} - E\frac{PAb+FA}{PMb+FM}$$

$$= E\frac{FM(PAb+FA)}{PMb(PMb+FM)} \cdots\cdots\cdots\cdots\cdots(2)$$

となる。

しかし，(2)式は工業品の輸送費が農産品の輸入量で表されているために，工業品の輸入量に換算すれば

$$E = M\frac{PMb+FM}{PAb+FA}$$

であるため

$$C3X=GX-GC3=E\frac{FM(PAb+FA)}{PMb(PMb+FM)}$$

$$=M\frac{PMb+FM}{PAb+FA} \times \frac{FM(PAb+FA)}{PMb(PMb+FM)} = M\frac{FM}{PMb}$$

となり，したがって

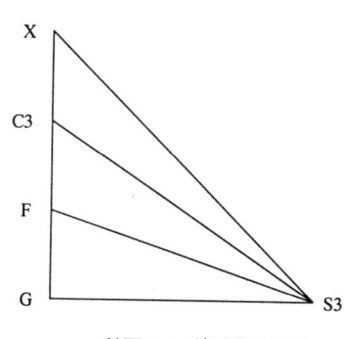

付図 2-4 輸送費の導出

$$FC3 = FX - C3X = E\frac{FA}{PMb} - M\frac{FM}{PMb}$$

である。

【参考文献】

小宮隆太郎・天野明弘『国際経済学』岩波書店，1972 年。
伊東正則・武野秀樹・土屋圭造編『ミクロ経済学要論』有斐閣双書，昭和 61 年。
山本繁綽『国際経済学』同文館出版，1988 年。
小田正雄・鈴木克彦・井川一宏・阿部顕三『ベーシック国際経済学』有斐閣ブックス，1989 年。
J.J. Evans and P.B. Marlow, *Quantitative Methods in Maritime Economics*, Fairplay Publications, 1990.
奥野正寛『ミクロ経済学入門』日経文庫，1998 年。

第3章 海運供給量の決定と規模の経済性の理論

3・1 世界海運市場と世界運賃

(1) 海運の発展と世界運賃の変化

　世界運賃は，世界海運市場における海運需要量と海運供給量の関係で決定される。図 3-1 は完全競争下にある世界海運市場を描いたもので，それぞれの横軸には数量(海運需給量)，縦軸には運賃・費用が測られ，直線 DD' は需要曲線，屈折した直線 S1S1', 直線 S2S2' および直線 S3S3' は供給曲線を表しているものとする。

　いま，同図(a)に示されるように海運需要量を不変とし，海運供給量が増大して供給曲線が直線 S1S1' から直線 S2S2' にシフトしたとすれば，世界運賃(世界海運市場における単位距離当たりの均衡運賃)は F1 から F2 に低下し，海運生産量および消費量は Q1 から Q2 に増加する。他方，同図(b)に示されるように海運需要量を不変とし，海運供給量が減少して供給曲線が直線 S1S1' から

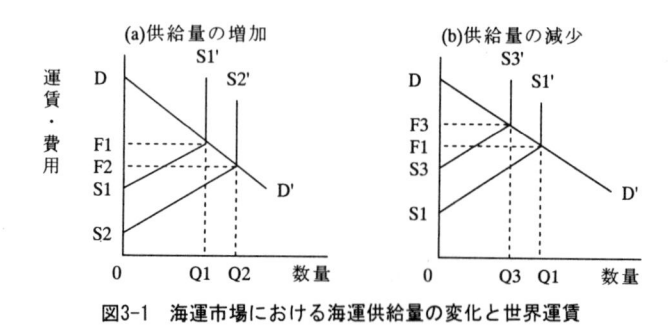

図3-1 海運市場における海運供給量の変化と世界運賃

直線 S3S3' にシフトしたとすれば，世界運賃は F1 から F3 に上昇し，海運生産量および消費量は Q1 から Q3 に減少する。[1]

そして，一般には海運供給量の増大は海運の発展，海運供給量の減少は海運の衰退と考えられがちであるが，海運需要量が変化しない中での海運供給量の増減とそれに伴う世界運賃の変化は必ずしも海運輸出国と海運輸入国に同一の影響を及ぼすものではなく，一般には逆方向の影響を及ぼすのが普通である。

そこで，海運の国際取引が行われている場合に，世界運賃の変化が海運輸出国と海運輸入国における一国の利益(総余剰)にどのような影響を及ぼすかをみてみよう。

図 3-2(a)は完全競争下にある海運輸出国の国内海運市場，同図(b)は同じく完全競争下にある海運輸入国の国内海運市場を描いたもので，それぞれの横軸には数量，縦軸には運賃・費用が測られている。そして，直線 DD' は需要曲線，屈折した直線 SS' は供給曲線を表し，F1 および F2 は世界海運市場における均衡運賃(世界運賃)を表しているものとする。

いま，海運供給量の増加によって世界運賃が F1 から F2 に低下すれば，海運輸出国の総余剰は四角形 ABFE の面積分減少することになり，したがって世界運賃の低下は海運輸出国の総余剰を減少させるため，海運輸出国は世界運賃の低下(その前提としての海運供給量の増大)を歓迎せず，むしろ既存の利益を守るために海運供給量の増大を阻止しようとする。これは，海運同盟の行動を説明する一つの理論的根拠となる。

第3章　海運供給量の決定と規模の経済性の理論　59

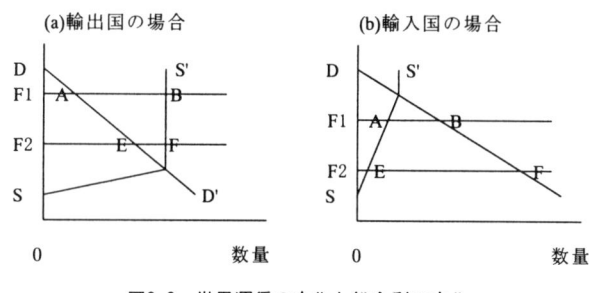

(a)輸出国の場合　　(b)輸入国の場合

図3-2　世界運賃の変化と総余剰の変化

　他方，世界運賃が F1 から F2 に低下すれば，海運輸入国の総余剰は四角形 ABFE の面積分増加し，世界運賃の低下は海運輸入国の総余剰を増加させるため，海運輸入国は世界運賃の低下(その前提としての海運供給量の増大)を歓迎することになる。ただし，世界運賃が F1 から F2 に低下した場合には，海運輸入国における海運生産量が F1A から F2E に減少するため，自国の海運を育成しようとする海運輸入国は海運輸出国と同様に世界運賃の低下を歓迎せず，自国船の輸送量を守るために自国海運の保護政策を採用することもある。

(2) 総余剰の増加と海運の国際取引上の利益

　海運供給量の増大によって世界運賃が低下し，海運輸入国である途上国においては総余剰が増加するが，ここでは先進国を海運輸出，途上国を海運輸入国とする２国モデルをもちいて海運輸入国である途上国における総余剰の増加の意味を検討しておこう。

　図 3-3 は，完全競争下にある先進国と途上国の国内海運市場を合成して描いたもので，それぞれの横軸には数量，縦軸には運賃・費用が測られ，直線 DaDa' および直線 DbDb' は需要曲線，屈折した直線 SaSa'，直線 Sb1Sb1' および直線 Sb2Sb2' は供給曲線を表しているものとする。

　いま，海運輸入国である途上国において保有船腹量の増加に伴って海運供給量が増大し，供給曲線が直線 Sb1Sb1' から直線 Sb2Sb2' にシフトし，世界運賃

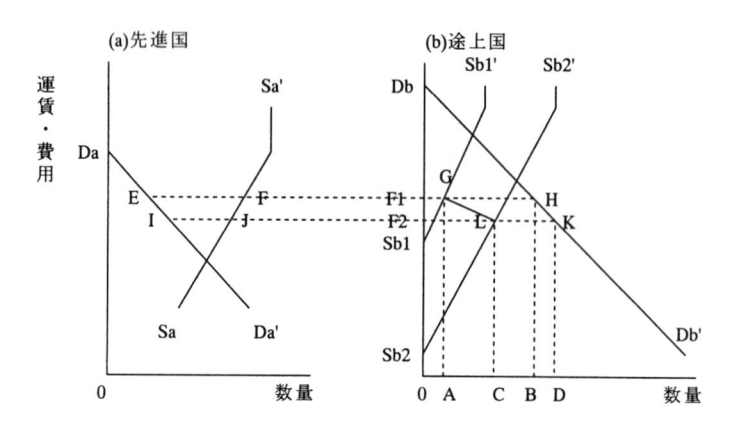

図3-3 海運供給量の増大と世界運賃および総余剰の変化

がF1からF2に低下したとしよう。なお，ここでは世界海運市場の描画が省略されているが，先進国の超過供給量＝途上国の超過需要量つまりEF=GH，IJ=LKとなるように描かれている。

そして，途上国では自国の海運供給量の増大と世界運賃の低下によって海運生産量がAからCに増大するとともに海運消費量もBからDに増加し，逆に海運輸入量はABからCDに減少する。したがって，海運供給量の増加による世界運賃の低下によって途上国の総余剰は，四角形DbHGSb1の面積から四角形DbKLSb2の面積へと六角形GHKLSb2Sb1の面積分増加することになる。つまり，図3-2(b)でみたように，他国における海運供給量の増大による世界運賃の低下は海運輸入国における国内生産量を減少させるが，自国の海運供給量の増大による世界運賃の低下は国内生産量を増加させるため，ここに途上国が自国海運の育成を目的として競争的に海運供給量の増大(具体的には船腹量の増加)を図ろうとする経済的根拠がある。

さて，総余剰の増分のうち四角形GHKLの面積は定義により四角形EFJIの面積に等しく，これは世界運賃の低下による海運輸入国としての国際取引上の利益(総余剰の増加)であり，同時にそれは海運輸出国(先進国)にとっての不利益(総余剰の減少)となる。他方，途上国の総余剰の増分うち四角形GLSb2Sb1

の面積は，途上国における海運供給量の増大によるものであり，それは先進国との海運の国際取引とは無関係で，それは海運供給規模を拡大することによって得られる余剰の増分である。

(3) 海運生産規模の拡大と総余剰の増加

　海運需要量を不変として海運供給量が増大した場合，あるいは海運供給量を不変として海運需要量が増大した場合の総余剰の変化をみてみよう。

　図3-4は，完全競争下にある途上国の閉鎖経済時の国内海運市場を描いたもので，それぞれの横軸には数量，縦軸には運賃・費用が測られ，直線DD'，直線D1D1'および直線D2D2'は需要曲線，屈折した直線S1S1'，直線S2S2'および直線SS'は供給曲線を表しているものとする。

　そして，同図(a)は海運供給量が増大(供給曲線が直線 S1S1' から直線 S2S2' にシフト)した場合の変化を図示したもので，運賃が F1 から F2 に低下し，均衡数量が Q1 から Q2 に増加することによって総余剰は四角形 ABS2S1 の面積分増加する。他方，同図(b)は海運需要量が増大(需要曲線が直線 D1D1' から直線 D2D2' にシフト)した場合の変化を図示したもので，運賃が F1 から F2 に上昇し，均衡数量が Q1 から Q2 に増加することによって総余剰は四角形 D2ABD1 の面積分増加する。つまり，部分均衡分析では海運供給量が増大すれば，あるいは海運需要量が増大すれば総余剰は増加することになる。

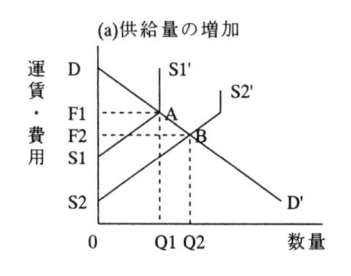

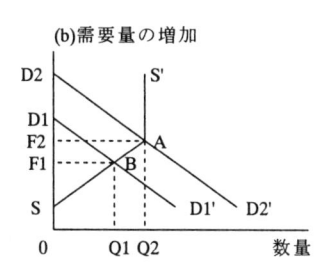

図3-4　海運供給量あるいは需要量の増大と総余剰の変化

また，図3-5は同じく完全競争下にある途上国の国内海運市場を描いたもので，横軸には数量，縦軸には運賃・費用が測られ，直線DD'は需要曲線，屈折した直線S1S1'は海運供給規模を拡大する以前の供給曲線，直線S2S2'は拡大後の供給曲線，F3が世界運賃を表しているものとする。

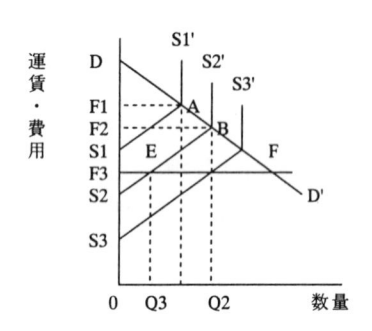

図3-5 海運供給規模の拡大と生産者余剰

いま，海運供給規模を拡大した後に途上国が海運の国際取引を行えば，途上国の総余剰は三角形BFEの面積分増加するが，生産者余剰は三角形F2BS2の面積から三角形F3ES2の面積へと四角形F2BEF3の面積分減少し，海運の国際取引後の生産者余剰は海運供給規模を拡大する以前の閉鎖経済時の生産者余剰(三角形F1AS1の面積)よりも少なくなる。

そのため，海運の国際取引を行うことを前提とした海運供給規模の拡大に際しては，極めて大規模な(図3-5では供給曲線が直線S3S3'以上となるような)拡大を行わなければ，自国海運の育成という観点からは規模を拡大した意味がなくなるが，そのような大規模な規模の拡大それ自体は容易なことではない。したがって，大規模な規模の拡大を行わずに海運の国際取引を開始し，自国海運の育成が重要な政策課題である場合には何らかの自国海運保護政策を採用しようとする誘因が働くことになる。

3・2 海運供給量の増大と国民所得

(1) 海運供給量の増大と完全競争市場

　先進国と途上国という2国モデルをもちいて，途上国における海運供給量の増大によって世界運賃が低下することを図 3-3 において示したが，無数の海運生産者(海運輸出国)と無数の海運消費者(海運輸入国)が存在し，世界運賃に影響を与えるような国はなく(すべての国が小国である)，海運は同質的で差別化はないという完全競争市場を想定すれば，ある途上国において海運供給量が増大しても世界運賃は変化しないことになる。

　これを図解したものが図 3-6 である。図 3-6 は，完全競争下にある先進国(海運輸出国)と途上国(海運輸入国)の国内海運市場を合成して描いたもので，それぞれの横軸には数量，縦軸には運賃・費用が測られ，直線 DaDa' および直線 DbDb' は需要曲線，屈折した直線 SaSa'，直線 Sb1Sb1' および直線 Sb2Sb2' は供給曲線，F1 は世界運賃を表しているものとする。なお，同図では世界海運市場の描画が省略されているが，初期設定においては先進国の超過供給量＝途上

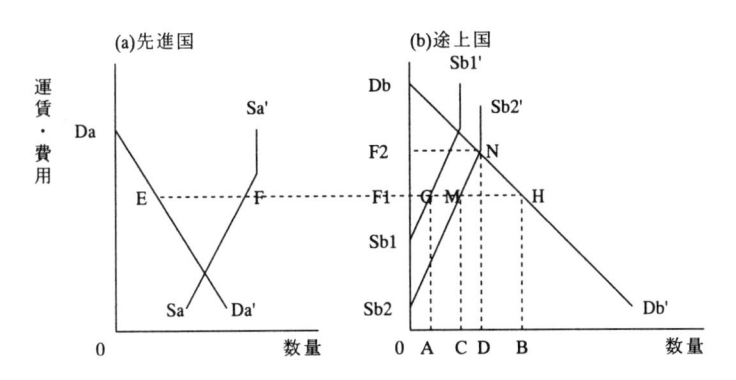

図3-6　完全競争市場における海運供給量の増大と生産者余剰

国の超過需要量つまり EF=GH となるように描かれている。

いま，途上国では海運供給量の増大によって供給曲線が直線 Sb1Sb1' から直線 Sb2Sb2' にシフトしたが，世界運賃は変化せず F1 のままであるとすれば，途上国における海運消費量は B のまま変わらないが，海運生産量は A から C に増加し，海運輸入量は AB から CB に減少することになる。そのため，途上国の総余剰は海運供給量を増大する以前の四角形 DbHGSb1 の面積から増大後には四角形 DbHMSb2 の面積へと四角形 GMSb2Sb1 の面積分増加するが，それは海運の国際取引上の余剰が増加したものではなく，世界運賃が不変であるために海運供給量の増大による生産者余剰の増加分にすぎない。

そして，途上国が自国海運の育成という観点から海運供給量の増大を最も有効に自国の市場に反映しようとすれば，部分均衡分析上からは閉鎖経済に戻ることである。例えば，途上国が閉鎖経済に戻れば，国内海運消費量は B から D に減少するものの国内海運生産量は C から D に増加し，生産者余剰は三角形 F1MSb2 の面積から三角形 F2NSb2 の面積へと四角形 F2NMF1 の面積分増加することになる。ただし，総余剰は閉鎖経済に戻る以前と比較すれば三角形 NHM の面積分減少することになるが，一層の海運供給量の増大を図れば三角形 NHM の面積は次第に小さくなる。

(2) 閉鎖経済時の海運供給量の増大と経済厚生

部分均衡分析では，海運供給量の増大によって総余剰や生産者余剰が増加したが，それを一般均衡分析をもちいて検証してみよう。

いま，閉鎖経済下にある途上国が完全競争の下で資本と労働をもちいて海運と農産品という2財を生産し，各企業は利潤の極大化を図っているとする。図3-7 は，途上国の国民経済を描いたもので，横軸には海運の数量，縦軸には農産品の数量が測られ，曲線 TT' は生産可能性フロンティア，曲線 U1 および曲線 U2 は社会的無差別曲線を表しているものとする。そして，直線 AA' の傾きが相対運賃に負の符号を付けたものに等しいものとすれば，海運生産量は X1,

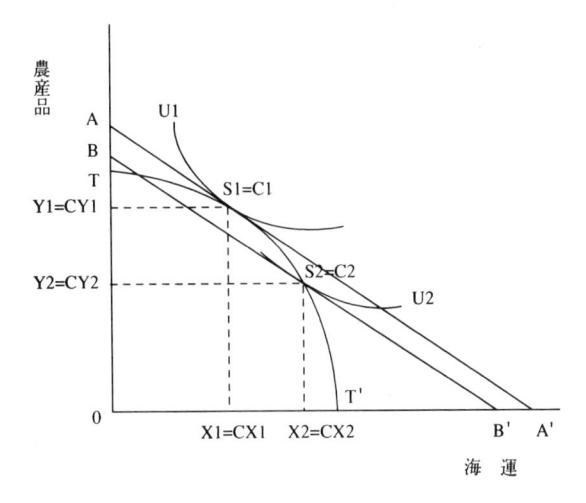

図3-7 閉鎖経済時の海運供給量の増大と国民所得の減少

農産品の生産量は Y1，海運消費量は CX1，農産品の消費量は CY1 となる。

さて，途上国が海運供給量を増大して海運生産量を X1 から X2 に増加したとすれば生産点は点 S2 となり，農産品の生産量は Y1 から Y2 へと Y2Y1 分減少するばかりか，相対運賃を不変とすれば費用最小が達成されず，予算線は点 S2 を通り直線 AA' に平行な直線 BB' となる。そのため，海運供給量の増大によって消費点(閉鎖経済時には生産点に等しい)が下位の社会的無差別曲線 U2 上の点 C2 に移動し，社会的無差別曲線が厚生水準を表すとすれば，海運供給量の増大によって途上国では厚生水準が低下することになる。

また，海運供給量の増大によって世界運賃が低下し，世界海運市場における相対運賃も低下して価格線の傾きが直線 AA'の傾きよりも小さくなったとしても，海運生産量を X1 から X2 に増加すれば途上国の厚生水準は低下することになる。というのは，運賃の低下の要因が何であれ，運賃が低下した場合には使用可能な資源を最も効率的に使用し，資本と労働の完全雇用を達成しようとすれば海運生産量を減少し，農産品の生産量を増加しなければならないからである。

(3) 海運の国際取引時の海運供給量の増大と経済厚生

海運の国際取引を行っている途上国が海運供給量を増大した場合の厚生水準の変化についてみてみよう。

いま，途上国は完全競争の下で資本と労働をもちいて海運と農産品という2財を生産し，各企業は利潤の極大化を図っているとする。図3-8は，海運の国際取引を行っている途上国の国民経済を描いたもので，横軸には海運の数量，縦軸には農産品の数量が測られ，曲線TTは生産可能性フロンティア，曲線U1および曲線U2は社会的無差別曲線を表しているものとする。そして，直線AA'の傾きが世界海運市場における相対運賃に負の符号を付けたものに等しいものとすれば，海運生産量はX1，農産品の生産量はY1，海運消費量はCX1，農産品の消費量はCY1となり，途上国は海運をX1CX1輸入し，農産品をCY1Y1輸出することになる。

さて，途上国が海運供給量を増大して海運生産量をX1からX2に増加したとすれば生産点は点S2となり，相対運賃を不変とすれば価格線(=予算線)は直

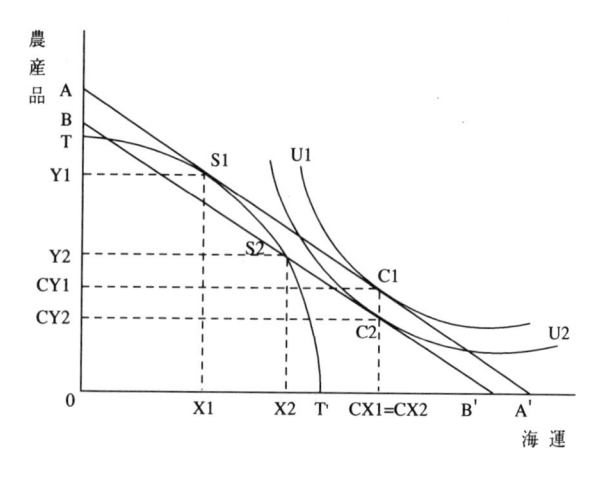

図3-8　海運供給量の増大と厚生水準の低下

線 AA' に平行な直線 BB' となり,農産品の生産量は Y2 に減少し,海運消費量を不変とすれば海運輸入量は X2CX2 に減少し,貿易収支の均衡を図ろうとすれば農産品の輸出量は CY2Y2 に減少することになる。

そのため,途上国における海運供給量の増大によって消費点は下位の社会的無差別曲線 U2 上の点 C2 に移動し,完全競争市場を想定すれば途上国における海運供給量の増大によっても世界海運市場における相対運賃は不変であるため途上国の厚生水準は低下することになる。なお,ここでは途上国は海運を輸入し,農産品を輸出するという設定であったが,逆に途上国が海運を輸出し,農産品を輸入するという設定であっても,世界海運市場における相対運賃が不変ならば途上国が海運供給量を増大すれば厚生水準は低下することになる。[2]

3・3 規模の経済性と海運の国際取引

(1) 規模の経済性と生産量

規模の経済性とは,生産量が増加するにつれて生産性が上昇するような性質をいい,海運では船舶を大型化することによって一度に多量の貨物の輸送が可能となるため,大型化はその生産性を上昇させることになる。ここでは,規模の経済性について概観しておこう。

図 3-9 は,完全競争下にある先進国の国内海運市場を描いたもので,横軸には数量,縦軸には運賃・費用が測られ,直線 DD' は需要曲線,屈折した直線 S1S1' および直線 S2S2' は供給曲線(個々の海運企業の限界費用曲線をすべて足し合わせたもの)を表しているものとする。

いま,閉鎖経済を想定すれば個々の海運企業は運賃と直面する限界費用が等しくなるところで生産量を決定するため,個々の海運企業の限界費用曲線をすべて足し合わせたものを直線 S1S1' とすれば,均衡運賃は F1 となり,海運生産量と海運消費量がともに Q1 となって需給が一致する。

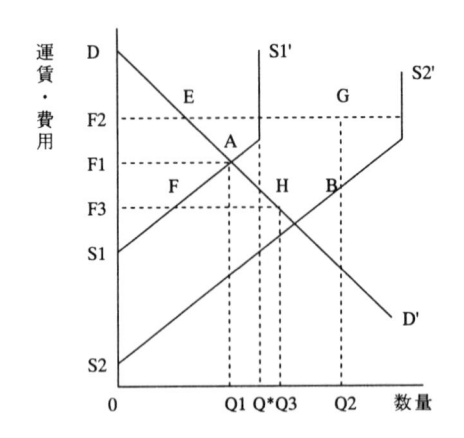

図3-9　海運供給量の増大と限界費用曲線

　さて，世界運賃が F2 の時に先進国が海運の国際取引を開始したとしよう。個々の海運企業の限界費用 Q1A は世界運賃よりも低いために，個々の海運企業は追加的な利潤を求めて Q*までは船舶の速力の上昇によって生産量を増大し，さらには船腹量の増大によって供給規模を拡大する。供給規模の拡大に伴って規模の経済性が働き，企業が直面する限界費用は低下し，同国における海運供給量の増大が世界運賃に影響を及ぼさないものとすれば，世界運賃と限界費用の差はさらに拡大するため海運企業は一層供給規模を拡大し，この調整は同国の生産要素をすべて海運業に投入されるまで続き，同国の産業は海運業に特化することになる。

　この時の海運業全体の海運生産量を Q2，供給規模が拡大された後の個々の海運企業の限界費用曲線を足し合わせたものを直線 S2S2' (生産量 Q2 での個々の海運企業の限界費用は Q2B)とすれば，国内消費量は F2E に減少し，EG が輸出されることになる。

　他方，世界運賃が F3 の時に先進国が海運の国際取引を開始したとすれば，個々の海運企業の限界費用 Q1A は世界運賃よりも高いために，個々の海運企業は生産量を縮小し，生産の縮小に伴う生産性の下落によって個々の海運企業の限界費用が引き上げられるとすれば，海運企業はさらに生産を縮小し，それ

によって限界費用が引き上げられ,最終的には生産量はゼロになり,海運輸入量が Q3 となる。

この時の総余剰を閉鎖経済時のそれと比較すれば,同図では三角形 AHF の面積が三角形 F3FS1 の面積よりも大きく,そのため先進国は海運の国際取引を行う(海運消費量のすべてを輸入する)ことによって,一国の利益を増加することができる。

(2) 規模の経済性と生産可能性フロンティア

海運部門には規模の経済性があり,農業部門は規模に関して収穫一定であるような経済を例にとり,規模の経済性について検討しておこう。なお,議論を単純化するために,生産要素は資本だけとする。

図 3-10 の第Ⅰ象限は横軸に農産品の数量,縦軸に海運の数量を測り,生産可能性曲線 GDF を描いたものである。また,第Ⅱ象限の横軸には海運部門の資本投入量,第Ⅲ象限の縦軸には農業部門の資本投入量が測られ,第Ⅲ象限では資本が完全雇用されるような農業部門と海運部門の資本投入量の組み合わせが直線 KK' によって描かれている。

さて,第Ⅱ象限の曲線 OS2 は,海運の生産量と資本投入量の関係を表したもので,いま資本投入量が K2 の時の海運生産量は X2 であり,資本投入量が K2' に増加すれば,規模に関して収穫一定ならば海運生産量は K2'B となるが,海運部門は規模の経済性があるために海運生産量は K2'C =X2' となる。

これに対して,農業部門は規模に関して収穫一定であるとし,農産品の生産量と資本投入量の関係を表したものが第Ⅳ象限の直線 OS1 であるとすれば,海運部門における資本投入量が K2 の時の農業部門における資本投入量は K1 となり,資本投入量が K1 の時の農産品の生産量は X1 となる。したがって,第Ⅰ象限の点 D は生産可能性曲線の 1 点となり,同様にしてあらゆる海運生産量に対する農産品の生産量を求めれば,原点に対して凸の形状をした生産可能性曲線 GDF を描くことができる。

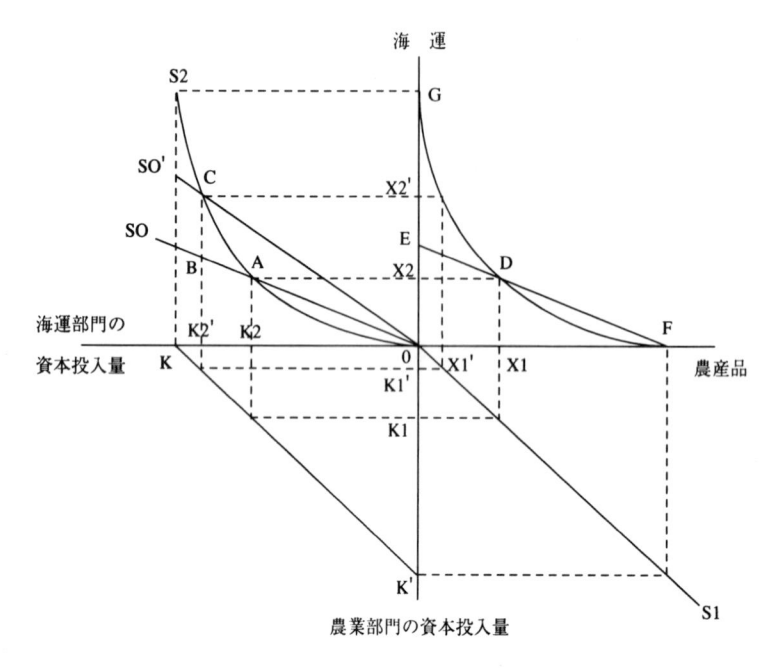

図3-10 規模の経済性と生産可能性フロンティア

　そして，第Ⅰ象限の直線 EF の傾きは，生産点が点 D の時の農産品の相対価格に負の符号を付けたものに等しい。つまり，農産品にも海運にも完全特化(どちらかの財だけを生産する状態)していない場合には，生産可能性曲線上の生産点と点 F を結ぶ直線の傾きがその生産をもたらす農産品の相対価格になり，一般に規模の経済性がある時には生産可能性曲線の接線の傾きと財の相対価格は等しくならない。[3]

(3) 規模の経済性と海運への完全特化

　生産技術や資本の賦存量だけではなく，嗜好までもがまったく同じである先進国と途上国の２国において，すべての生産が規模に関して収穫一定であるならば，この２国間で国際取引が行われることはない。しかし，規模の経済性がある場合には，国際取引が行われる可能性があり，それは以下のように説明さ

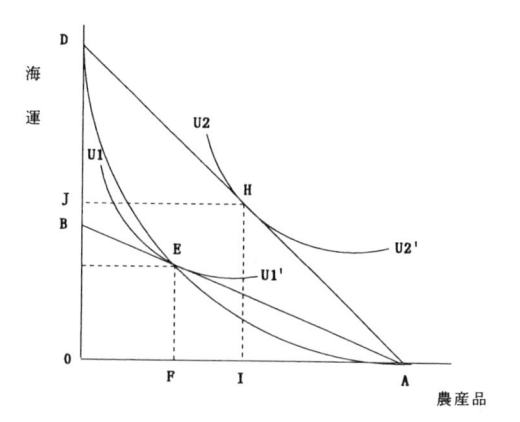

第3章 海運供給量の決定と規模の経済性の理論　71

図3-11　完全特化と国際取引上の利益

れる。

　図 3-11 の横軸には農産品の数量，縦軸には海運の数量が測られ，曲線 DEA は生産可能性曲線，曲線 U1U1' および曲線 U2U2' は先進国と途上国の両国に共通の社会的無差別曲線を表しているものとする。そして，点 E を両国の閉鎖経済時の生産点および消費点とすれば，その時の農産品の均衡相対価格は直線 BA の傾きの絶対値に等しく，両国の厚生水準は社会的無差別曲線 U1U1' によって表されることになる。

　いま，両国は国際取引を行い，先進国は海運の生産に完全特化し，途上国は農産品の生産に完全特化したとすれば，直線 DA の傾きは貿易均衡における農産品の均衡相対価格に負の符号を付けたものとなり，点 H を線分 DA の中点とすれば，このとき先進国の生産点は点 D，消費点は点 H となり，先進国は海運を JD 輸出し，農産品を JH 輸入することになる。他方，途上国の生産点は点 A，消費点は点 H となり，途上国は農産品を IA 輸出し，海運を IH 輸入することになる。

　そして，点 H は線分 DA の中点であるため，三角形 DHJ と三角形 HAI は合同であり，そのためどちらの財についてもお互いの輸出量と輸入量が等しく，この相対価格の下で世界市場における需給が一致している。また，完全特化後

の両国の厚生水準は社会的無差別曲線 U2U2' によって表され，消費点が上位の社会的無差別曲線上に移動していることから両国は完全特化した国際取引を行うことによって厚生水準は上昇することになる。

(4) 海運への完全特化と保護政策

　生産技術や資本の賦存量だけではなく，嗜好までもがまったく同じである先進国と途上国の２国において海運と農産品という２財が生産されているが，海運の生産には規模の経済性があるが，農産品の生産には規模の経済性がないものとしよう。

　図 3-12 の横軸には農産品の数量，縦軸には海運の数量が測られ，曲線 AE1H は生産可能性曲線，曲線 U1U1' は先進国と途上国の両国に共通の社会的無差別曲線を表しているものとする。そして，点 E1 を両国の閉鎖経済時の生産点および消費点とすれば，その時の農産品の均衡相対価格は直線 CH の傾きの絶対値に等しく，両国の厚生水準は社会的無差別曲線 U1U1' によって表されることになる。

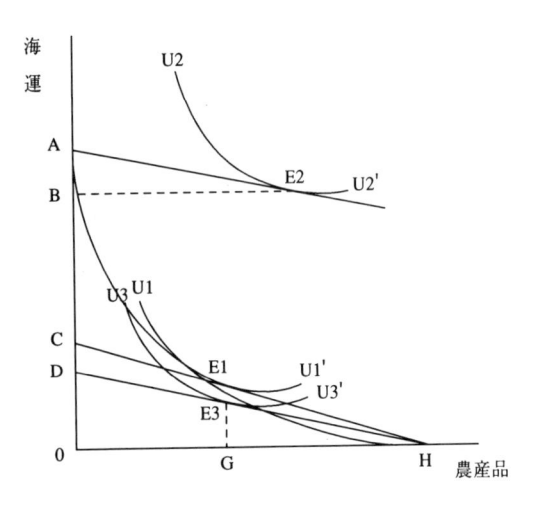

図3-12　規模の経済性と完全特化

いま，両国は国際取引を行い，先進国は規模の経済性のある海運の生産に完全特化し，途上国は規模の経済性がない農産品の生産に完全特化したとし，図中の三角形 AE2B と三角形 E3HG を合同とすれば，国際取引均衡における農産品の相対価格は直線 AE2 あるいは直線 DH の傾きの絶対値に等しくなる。

この時，先進国の生産点は点 A に移り，消費点は点 E2 となるため，先進国は海運を BA 輸出し，農産品を BE2 輸入することになり，他方，途上国の生産点は点 H に移り，消費点は点 E3 となり，途上国は農産品を GH 輸出し，海運を GE3 輸入することになる。

そして，定義により三角形 AE2B と三角形 E3HG は合同であるため，どちらの財についてもお互いの輸出量と輸入量が等しく，この相対価格の下で世界市場における需給は一致する。

さて，完全特化後の両国の厚生水準をみると，先進国では消費点が上位の社会的無差別曲線 U2U2' 上に移動するため厚生水準は上昇するが，途上国では消費点が下位の社会的無差別曲線 U3U3' 上に移動するため厚生水準は低下することになり，このように国際取引を行って規模の経済性のある産業(ここでは海運業)に特化すれば厚生水準は上昇するが，規模の経済性のない産業(ここでは農業)の場合には厚生水準が低下することもある。

これは，幼稚産業の保護を正当化する議論として用いられることがあり，例えば政府の政策などによって国際取引を行う前に規模の経済性のある部門の生産を拡大させ，この部門の生産性を諸外国より高くして国際取引を行えば，その国は規模の経済性のある財をより安価に供給できるために，その財の生産に完全特化しやすくなり，厚生水準を上昇させる可能性が高くなる。

【注】
1) 海運需要量を不変とし，海運供給量の増大によって運賃が低下すれば，海運生産量および海運消費量は増加するとしているが，これは一般論であり，運賃が低下しても海運生産量や海運消費量が増加するとは限らない。例えば，運賃が低下した場合に減速航海や係船などを行えば海運生産量は増加せず，結果として海運消費量も増加しないことになる。さらに，留意すべきは海運に対する需要は派生的需要であり，船舶で輸送される

商品に対する需要の増加によって貿易量が増加しなければ，海運に対する需要が増大することはない。そのため，以下のことに注意しなければならない。

いま，閉鎖経済下にある先進国では農産品と海運が生産され，農産品の価格を不変とし，海運供給量の増大によって運賃が低下し，付図 3-1 に示されるように予算線が直線 AA' から直線 AB' にシフトし，消費点が点 E から点 G に移動したとしよう。そして，点 E を通る社会的無差別曲線 U1U1' 上で点 G と同じ限界代替率を有する点 F を求めると，2 財の消費量の変化は点 E から点 F への移動と点 F から点 G への移動に分けて考えることができる。

まず，点 E から点 F への移動は，運賃の低下による実質国民所得の増加にもかかわらず，先進国が以前と同じ選好の水準にとどまるとした場合の需要量の変化(海運消費量の X_1 から X_2 への増大)を表し，それは代替効果と呼ばれている。しかし，農産品と海運には代替性がないために現実にはこのように海運消費量が増加することはない。他方，点 F から点 G への移動は，運賃の低下による実質国民所得の増加による需要量の変化(農産品消費量の Y_1 から Y_2 への増加)を表し，それは所得効果と呼ばれている。そして，国民所得の実質的な増加によって農産品消費量が増加し，それに伴って農産品輸送量が増加すれば，海運消費量も増加することになる。

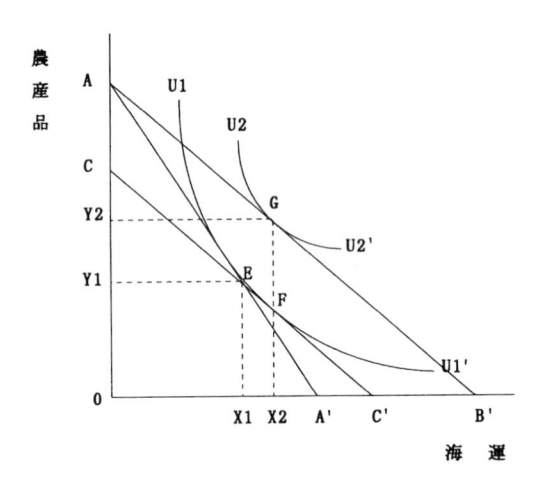

付図 3-1 代替効果と所得効果

2) 世界海運市場における相対運賃が不変のなかで海運供給量の増大によって厚生水準が上昇するのは，以下のような場合である。

いま，完全競争下にある途上国は閉鎖経済の下で資本と労働をもちいて海運と農産品という 2 財を生産し，各企業は利潤の極大化を図っているとしよう。付図 3-2 は，その途上国の国民経済を描いたもので，横軸には海運の数量，縦軸には農産品の数量が測ら

第3章 海運供給量の決定と規模の経済性の理論　75

れ，曲線 TT' は生産可能性フロンティア，直線 AA' は閉鎖経済時の価格線(その傾きは相対運賃に負の符号を付けたものに等しい)を表しているものとすれば，この時の海運の生産量は X1，農産品の生産量は Y2 となる。なお，ここでは簡単化のために社会的無差別曲線は省略されている。

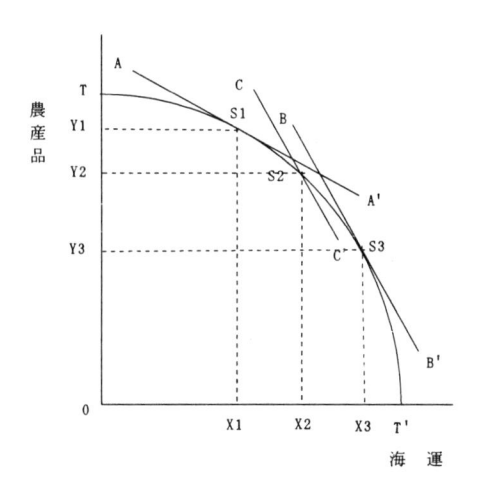

付図3-2　海運供給量の増大と厚生水準の上昇

さて，途上国が貿易を行おうとすれば(ただし輸送費については考えないものとする)，世界市場における相対運賃に直面することになり，いま世界市場における相対運賃に負の符号を付けたものが直線 BB' の傾きに等しいものとする。この時，途上国が海運生産量を X1 から X2 に増加したとすれば，生産点は点 S1 から点 S2 に移動し，そこでは費用最小化が達成されず，価格線(=予算線)は点 S2 を通り直線 BB' に平行な直線 CC' となり，消費点が直線 BB' より下位の直線 CC'上に移動するため途上国の厚生水準は低下することになる。このような状況の中で，途上国が海運生産量をさらに X2 から X3 に増加したとすれば，生産点は点 S2 から点 S3 に移動し，価格線(=予算線)は直線 BB'となり，世界市場における相対運賃が不変であっても，消費点が直線 CC' より上位の直線 BB' 上に移動するため，途上国の厚生水準は上昇することになる。

3) 本章の図 3-10 の第Ⅰ象限の直線 EF の傾きが生産点が点 D の時の農産品の相対価格に負の符号を付けたものに等しいことは，以下のように説明される。図 3-10 における第Ⅱ象限の曲線 OS2 は，海運の生産量と資本投入量の関係を表したもので，いま海運生産量を X2 とすれば，それは

$$X2 = h2(X2)K2$$

と表され，ここで h2(X2)は資本投入係数の逆数(資本の生産性)を表すとする。同様に，

第IV象限の直線 OS1 は農産品の生産量と資本投入量の関係を表したもので，農産品の生産量を X1 とすれば，それは

$$X1 = h1K1$$

と表される。

そして，第I象限の縦軸上の OE の長さは h2(OX2)OK であり，横軸上の OF の長さは h1OK' と表され，ここで OK=OK' である。また，資本のレンタルを r とし，運賃を F，農産品の価格を P とし，それぞれ利潤が極大化されているならば

$$F = r/h2(X2)$$
$$P = r/h1$$

となるため，

$$\frac{OE}{OF} = \frac{h2(X2)K2}{h1K1} = \frac{h2(X2)}{h1}$$
$$= \frac{r/F}{r/P} = \frac{P}{F}$$

である。

【参考文献】

根岸隆『貿易利益と国際収支』創文社，1971年。
小宮隆太郎・天野明弘『国際経済学』岩波書店，1972年。
中西健一・平井都士夫編『新版交通経済学』有斐閣双書，昭和57年。
伊藤元重・大山道広『国際貿易』岩波書店，1985年。
伊東正則・武野秀樹・土屋圭造編『ミクロ経済学要論』有斐閣双書，昭和61年。
小田正雄・鈴木克彦・井川一宏・阿部顕三『ベーシック国際経済学』有斐閣ブックス，1989年。
J.J. Evans and P.B. Marlow, *Quantitative Methods in Maritime Economics*, Fairplay Publications, 1990.

第 4 章　海運保護政策の理論

4・1　自国海運の育成と運航補助金政策

(1) 運航補助金と自国船輸送量の増加

　途上国において自国海運の育成を目的として,自国船主に対して輸送量(海運生産量)に応じて政府が運航補助を行うという運航補助金政策が実施されたとし,この運航補助金政策が途上国の国民経済に与える影響を部分均衡分析をもちいてみてみよう。[1)]

　図 4-1 は,完全競争下にある途上国の国内海運市場を描いたもので,横軸には数量,縦軸には運賃・費用が測られ,直線 DD' は需要曲線,屈折した直線 SS' は自国船の供給曲線,直線 PP' は外国船の供給曲線(したがって P は外国船の運賃)を表しているものとすれば,運航補助金政策が実施される以前の海運生産量(自国船の輸送量)は A',海運消費量は B',海運輸入量(外国船の使用量)は A'B' となる。

　いま,途上国は自国船の輸送量を C' に増加するために,輸送単位当たり PR

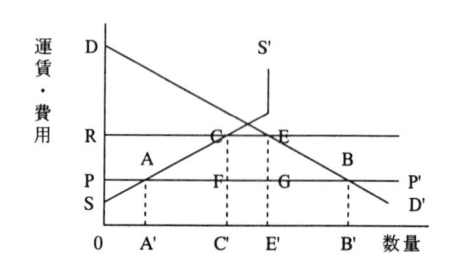

図4-1 運航補助金政策と総余剰の減少

の運航補助金を自国船に支給するとすれば，海運消費量は運賃が変化しないために B' のまま変わらないが，自国船の輸送量は C' に増加し，外国船の使用量は C'B' に減少することになる。

そして，このような運航補助金政策の実施による途上国の総余剰の変化をみると，生産者余剰は実施前の三角形 PAS の面積から実施後には三角形 RCS の面積へと四角形 RCAP の面積分増加(補助金収入である長方形 RCFP の面積から赤字分である三角形 CFA の面積を引いた残り)し，他方，消費者余剰は運賃が不変であるため三角形 DBP の面積のまま変わらないが，自国船主に支給される運航補助金を税金という形で消費者が均等に負担するとすれば，運航補助金分減少することになる。

したがって，運航補助金政策は自国船の輸送量を増加させるという自国船育成効果はあるものの，総余剰は三角形 CFA の面積分減少し，総余剰が経済厚生の水準を表すものとすれば厚生水準は低下することになる。[2]

(2) 運航補助金政策の経済厚生効果

運航補助金政策が実施された場合の途上国における国民経済への影響を一般均衡分析をもちいて検討してみよう。

いま，途上国は資本と労働をもちいて農産品と海運という2財を生産し，農産品を輸出し，海運を輸入しているとする。図 4-2 は，完全競争下にある途上

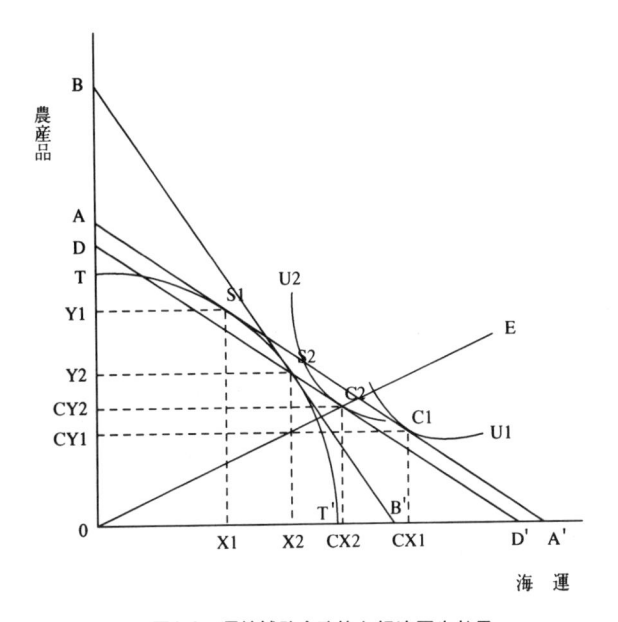

図4-2　運航補助金政策と経済厚生効果

国の国民経済を描いたもので，横軸には海運の数量，縦軸には農産品の数量が測られている。そして，曲線 TT' は生産可能性フロンティア，直線 AA' は価格線，点 S1 は生産点，点 C1 は消費点，曲線 U1 は社会的無差別曲線を表し，また運賃を F，農産品の価格を P とすれば相対運賃は F/P となり，直線 AA' の傾きがこの相対運賃に負の符号を付けたものに等しいものとすれば，運航補助金政策が実施される以前の途上国における海運生産量(自国船の輸送量)は X1，海運消費量は CX1，海運輸入量(外国船の使用量)は X1CX1，農産品生産量は Y1，農産品消費量は CY1，農産品輸出量は CY1Y1 となる。

さて，途上国は自国船の輸送量を X2 に増加(生産点を点 S2 に移動)するために運航補助金を支給し，この補助金は消費者によって均等に負担されるものとすれば生産者にとっては運賃が補助金分上昇するのと同じであり，そのため新たな価格線が直線 BB' に等しいものとすると，運航補助金率 Sr は

　　　運航補助金率(Sr)=(直線 BB'の傾き-直線 AA'の傾き)/直線 AA'の傾き

によって求められるために，直線 BB' の傾きは$(1+Sr)F/P$ となる。

また，自国船に支払われる運航補助金の総額は，

　　　補助金総額=輸送量(X2)× 補助金率(Sr)× 補助前の相対運賃(F/P)

$$=X2\frac{F}{P}Sr$$

となる。そして，Y 軸上の A は

　　A=Y1A+Y1

であり，これは

$$A=\frac{F}{P}X1+\frac{P}{P}Y1$$

と表すことができ，したがって A は農産品で表した国民所得を示す。

また，補助後の Y 軸上の B は

　　B=Y2B+Y2

$$=(1+Sr)\frac{F}{P}X2+\frac{P}{P}Y2$$

であり，したがって B は農産品で表した補助後の国民所得を示し，運航補助金が消費者(=荷主)によって均等に負担されるとすれば，消費者が 2 財の購入に充てることができる所得(支出国民所得)は，運航補助金を DB とすれば(後述)

　　　支出国民所得(D)=国民所得(B) - 運航補助金(DB)

となり，消費者にとっては相対運賃が変化していないために予算線は点 S2 を通り直線 AA'に平行な直線 DD' となる。

この時，消費者は F/P という相対運賃と支出国民所得 D という制約の下で効用を最大にしようすれば，消費点は曲線 OE(エンゲル曲線)と予算線 DD' の交点 C2 に移動する。つまり，この点 C2 において社会的無差別曲線 U2 と予算線 DD'が接し，点 C2 が運航補助金政策を実施した後の最適消費点となる。

したがって，途上国の経済厚生の水準が社会的無差別曲線の水準によって表されるものとすれば，運航補助金政策は厚生水準を低下させることになる。

(3) 自国海運の育成と輸出抑制効果

運航補助金政策によって途上国における自国船の輸送量は X2 に増加するが，海運消費量は CX2 に減少し，外国船の使用量も X2CX2 に減少する。同時に，農産品輸出量も CY2Y2 に減少し，これは自国船の輸送量の増加による外国船の使用量つまり海運輸入量の減少によって輸出抑制効果が生ずるからである。

つまり，運航補助金総額は，前述のように

$$\text{運航補助金総額} = X2 \frac{F}{P} Sr$$

と示されることから，途上国の予算制約式は

$$\frac{F}{P} CX2 + \frac{P}{P} CY2 = (1+Sr) \frac{F}{P} X2 + \frac{P}{P} Y2 - X2 \frac{F}{P} Sr$$

　　　　(消費支出)　　 =(国民所得)　　　　-(補助金負担)

となる。

そこで，農産品の輸出量を E，海運の輸入量を M とすれば，上記の式は

$$\frac{F}{P} CX2 + \frac{P}{P} CY2 = \frac{F}{P} X2 + X2 \frac{F}{P} Sr + \frac{P}{P} Y2 - X2 \frac{F}{P} Sr$$

$$\frac{F}{P} CX2 - \frac{F}{P} X2 = \frac{P}{P} Y2 - \frac{P}{P} CY2$$

$$\frac{F}{P} (CX2 - X2) = \frac{P}{P} (Y2 - CY2)$$

$$E = M \frac{F}{P}$$

となる。つまり，左辺は農産品の輸出額を，右辺は海運の輸入額を示し，それは貿易の均衡を表すため F/P が一定であるとすれば，海運の輸入額が減少すると貿易の均衡を図るためには農産品の輸出額を減少しなければならない。

そして，運航補助金の総額が図 4-2 における Y 軸上の DB となるのは，以下のように説明される。図 4-3 は図 4-2 の一部を拡大したもので，横軸の Y2S2 は自国船の輸送量，点 S2 は生産点を表し，線分 DS2 は生産点 S2 を通り価格

線 AA' に平行に引かれた直線 DD' の一部であり，その傾きは F/P に等しく，線分 BS2 は直線 BB' の一部であり，その傾きは(1+Sr)F/P に等しく，そのため

$$Y2B = X2(1+Sr)\frac{F}{P}$$

$$Y2D = X2\frac{F}{P}$$

であり，したがって両者の差(DB)は

$$DB = Y2B - Y2D = X2(1+Sr)\frac{F}{P} - X2\frac{F}{P}$$

$$= X2\frac{F}{P}Sr$$

となり，それは前に示された農産品で表した運航補助金総額に等しい。

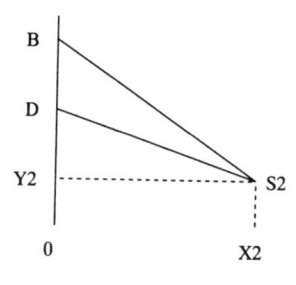

図4-3　運航補助金額の算出

4・2　外国船の使用抑制と差別課徴政策

(1) 差別課徴政策と外国船使用量の抑制

途上国において外国船の使用量を抑制するために，外国船に対して差別的な諸税を賦課するという差別課徴政策が実施されたとし，この差別課徴政策が途上国の国民経済に与える影響を部分均衡分析をもちいてみてみよう。

第4章　海運保護政策の理論　*83*

　図4-4は，完全競争下にある途上国の国内海運市場を描いたもので，横軸には数量，縦軸には運賃・費用が測られ，直線DD'は需要曲線，屈折した直線SS'は自国船の供給曲線，直線PP'は外国船の供給曲線(したがってPは外国船の運賃)を表すものとすれば，差別課徴政策が実施される以前の自国船の輸送量はA'，海運消費量はB'，外国船の使用量はA'B'となる。

　いま，途上国は差別課徴政策を実施し，外国船に単位量あたりPRの差別的な諸税を課し，外国船は課せられた差別的な諸税と同額を現行運賃Pに上乗せしたとしよう。[3] この時，自国船の輸送量はA'のまま変わらないが，外国船の運賃がR(=P+PR)に上昇するため海運消費量はE'に，外国船の使用量はA'E'にそれぞれ減少することになる。

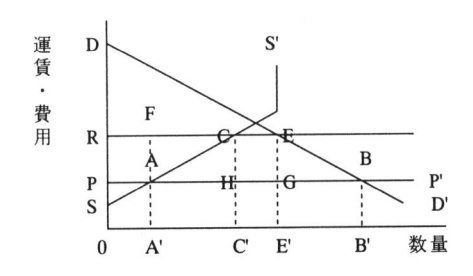

図4-4　差別課徴政策と総余剰の減少

　そして，このような差別課徴政策の実施による途上国の総余剰の変化をみると，生産者余剰は実施後にも三角形PASの面積のまま変わらず，消費者余剰は実施前の三角形DBPの面積から実施後には五角形DEFAPの面積へと四角形FEBAの面積分減少し，政府余剰(課徴金収入)として四角形FEGAの面積が新たに増加する。したがって，総余剰は三角形EBGの面積分減少し，総余剰が経済厚生の水準を表すものとすれば，差別課徴政策は厚生水準を低下させることになる。

　そして，この差別課徴政策では自国船の輸送量が増加せず，自国海運を保護・育成することにならないために，差別課徴政策の実施とともに自国船の運賃が外国船の運賃と同じRに値上げされたとしよう。この時，自国船の輸送

量が C' に増加するために生産者余剰は差別課徴政策が実施される以前と比較して四角形 RCAP の面積分増加し,消費者余剰は四角形 REBP の面積分減少し,政府余剰は四角形 CEGH の面積(PR×C'E')となるため,総余剰は三角形 CHA と三角形 EBG の面積の合計分減少することになる。したがって,ここでは自国船の輸送量は増加し,生産者余剰も増加するため自国船の保護・育成効果はあるものの,自国船の運賃を値上げすることによって厚生水準は自国船の運賃を値上げする以前と比較して一層低下することになる。

(2) 差別課徴政策の経済厚生効果

差別課徴政策が実施された場合の途上国における国民経済への影響を一般均衡分析をもちいて検討してみよう。

いま,途上国は資本と労働をもちいて農産品と海運という2財を生産し,農産品を輸出し,海運を輸入しているとする。図 4-5 は,完全競争下にある途上国の国民経済を描いたもので,横軸には海運の数量,縦軸には農産品の数量が測られ,曲線 TT' は生産可能性フロンティア,直線 AA'は価格線,点 S1 は生産点,点 C1 は消費点,曲線 U1 は社会的無差別曲線を表し,また運賃を F1,農産品の価格を P とすれば,相対運賃は F1/P となり,直線 AA' の傾きがこの相対運賃に負の符号を付けたものに等しいものとすれば,差別課徴政策が実施される以前の自国船の輸送量は X1,海運消費量は CX1,外国船の使用量は X1CX1,農産品生産量は Y1,農産品消費量は CY1,農産品輸出量は CY1Y1 となる。

さて,途上国は差別課徴政策を実施し,外国船に対して運賃の T ％(T/100=t) に相当する差別的な諸税を課し,外国船はそれを運賃に上乗せし,同時に自国船の運賃も外国船と同じ運賃まで値上げされたとすれば,新しい運賃 F2 は

$$F2=(1+t)F1$$

となり,農産品の価格を不変とすると,差別課徴政策が実施された後の新たな相対運賃は

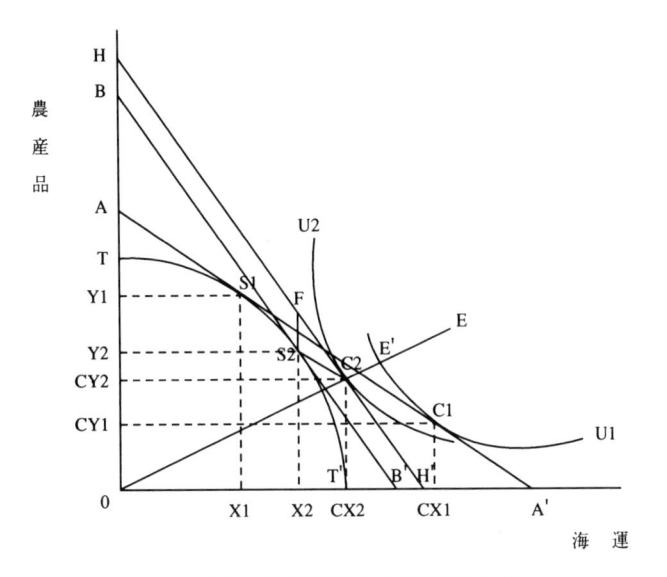

図4-5 差別課徴政策と経済厚生効果

$$\frac{F2}{P} = (1+t)\frac{F1}{P}$$

と表され，t(F1/P)分だけ運賃が上昇したことになる。

そして，直線 BB' の傾きが新たな相対運賃に負の符号を付けたものに等しいとすれば，差別課徴政策が実施された後には生産点は点 S1 から点 S2 に移行し，自国船の輸送量は X2 に増加し，農産品の生産量は Y2 に減少することになる。

そして，Y軸上のAは

A=Y1A+Y1

であり，これは

$$A = \frac{F1}{P}X1 + \frac{P}{P}Y1$$

と表すことができ，したがって A は農産品で表した国民所得を示す。また，課徴後の Y 軸上の B は

$$B = Y2B + Y2$$
$$= (1+t)\frac{F1}{P}X2 + \frac{P}{P}Y2$$

であり，したがって B は農産品で表した課徴後の国内生産を示し，また差別課徴金収入を農産品で表せば Y 軸上の BH(後述)となり，差別課徴金収入が消費者に均等に分配されるとすると，課徴後の国民所得は

　　　　国民所得(H)=国内生産(B)+課徴金収入(HB)

となり，予算線は直線 BB' に平行な直線 HH' となる。

　この時，消費者は$(1+t)F1/P$ という相対運賃と実質国民所得 H という制約の下で効用を最大にしようすれば，消費点は曲線 OE(エンゲル曲線)と予算線 HH' の交点 C2 に移動する。つまり，この点 C2 において社会的無差別曲線 U2 と予算線 HH' が接し，点 C2 が差別課徴政策を実施した後の最適消費点となる。

　したがって，途上国の経済厚生の水準が社会的無差別曲線の水準によって表されるものとすれば，差別課徴政策は厚生水準を低下させることになる。

(3) 差別課徴金収入額の算出

　差別課徴金収入を大きさを求めるには，エンゲル曲線を描く必要がある。エンゲル曲線とは，所得が増大すると 2 財(ここでは海運と農産品)の消費がどのように増加するかを示す曲線であり，所得がゼロの時は消費もゼロであり，所得が増大すると 2 財の消費も増加するためエンゲル曲線は原点を通る右上がりの曲線となる。図 4-5 では，相対運賃が$(1+t)F1/P$ の時のエンゲル曲線 OE が描かれ，それは価格線 BB' の傾きと社会的無差別曲線 U1 の傾きが等しい点 E' で交差している。

　さて，差別課徴金収入の大きさを求める具体的な手順は，まず生産点 S2 から直線 AA' に平行な線を引き，曲線 OE との交点を C2 とし，次いで点 C2 を通り直線 BB' に平行な直線 HH' を引き，点 X2 と点 S2 を結ぶ直線の延長線との交点を F とする。この時，S2F=BH が農産品で表された差別課徴金収入とな

第4章 海運保護政策の理論

り,それは以下のように説明される。

つまり,差別課徴金収入は,課徴率を T%(T/100=t),外国船の使用量(輸入量)を M とすれば

差別課徴金収入=課徴率(T%)× 課徴前の運賃(F1)× 輸入量(M)

となり,運賃を農産品で表せば F1/P であるため

差別課徴金収入=$t\dfrac{F1}{P}M$

と示される。

そして,図4-6は図4-5の一部を拡大したもので,横軸のGC2は外国船の使用量,点S2は生産点,点C2は消費点を表し,線分S2C2は価格線AA'と平行であり,その傾きはF1/Pに等しく,線分FC2は直線HH'の一部であり,その傾きは(1+t)F1/Pに等しく,そのため

GS2=$M\dfrac{F1}{P}$

GF=$M(1+t)\dfrac{F1}{P}$

であり,いずれも農産品で表した海運の輸入額である。したがって,両者の差(S2F)は

S2F=GF-GS2=$M(1+t)\dfrac{F1}{P} - M\dfrac{F1}{P}$

=$M\dfrac{F1}{P}t$

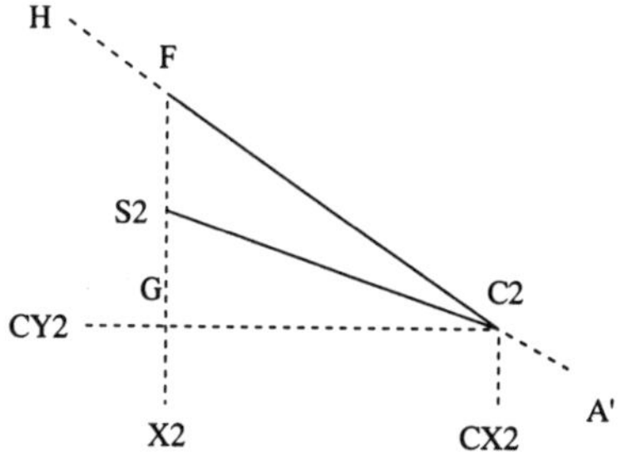

図4-6 課徴金収入の算出

となり，それは前に示した農産品で表された課徴金収入に等しい。

4・3　自国海運の保護と積荷割当政策

(1) 積荷割当政策と自国船輸送量の増加

　途上国において自国海運の保護を目的として，国家が一方的に一定量の積荷を自国船に留保するという積荷割当政策が実施されたとし，この積荷割当政策が途上国の国民経済に与える影響を部分均衡分析をもちいてみてみよう。

　図 4-7 は，完全競争下にある途上国の国内海運市場を描いたもので，横軸には数量，縦軸には運賃・費用が測られ，直線 DD' は需要曲線，屈折した直線 SS' は自国船の供給曲線，直線 PP' は外国船の供給曲線(したがって P は外国船の運賃)を表しているものとすれば，積荷割当制策が実施される以前の海運消費量は B'，自国船の輸送量は A'，外国船の使用量は A'B' となる。

　いま，途上国は積荷割当政策を実施して自国船の輸送量として C' を留保し，自国船の運賃が P から R に上昇したとすれば，海運消費量は B' のまま変わらないが，自国船の輸送量は C' に増加し，外国船の使用量は C'B' に減少することになる。

　そして，このような積荷割当政策の実施による途上国の総余剰の変化をみる

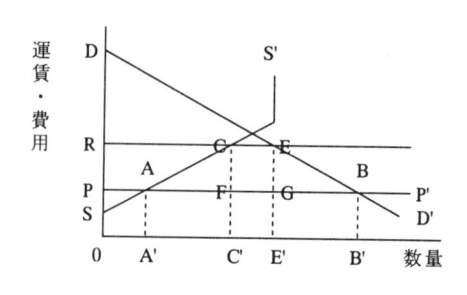

図4-7　積荷割当政策と総余剰の減少

と，生産者余剰は実施前の三角形 PAS の面積から実施後には三角形 RCS の面積へと四角形 RCAP の面積分増加し，消費者余剰は三角形 DBP の面積から五角形 DBFCR の面積へと四角形 RCFP の面積分減少する。したがって，積荷割当政策は自国船の輸送量を増加させるという自国船保護効果はあるものの総余剰は三角形 CFA の面積分減少し，総余剰が経済厚生の水準を表すものとすれば厚生水準を低下させることになる。また，自国船に留保される量が多くなるにしたがって，総余剰の減少分は大きくなる。

なお，積荷割当政策の実施においては，自国船を使用する消費者は高い運賃を負担し，外国船を使用する消費者は安い運賃を享受できるという不公平の問題が生ずる。そのため，積荷割当政策の下では高い運賃を負担しなければならない積荷つまり自国船に留保される積荷は政府関連貨物等に限定される必要があり，そうしなければ運賃の高い自国船の使用抑制効果が生じ，自国海運の保護あるいは自国船の育成という目的が充分に達成されないことになる。[4]

(2) 積荷割当政策の経済厚生効果

積荷割当政策が実施された場合の途上国における国民経済への影響を一般均衡分析をもちいて検討してみよう。

いま，途上国は資本と労働をもちいて農産品と海運という2財を生産し，農産品を輸出し，海運を輸入しているとする。図4-8は，完全競争下にある途上国の国民経済を描いたもので，横軸には海運の数量，縦軸には農産品の数量が測られ，曲線 TT' は生産可能性フロンティア，直線 AA' は価格線，点 S1 は生産点，点 C1 は消費点，曲線 U1 は社会的無差別曲線を表し，また運賃を F1，農産品の価格を P とすれば，相対運賃は F1/P となり，直線 AA' の傾きがこの相対運賃に負の符号を付けたものに等しいものとすれば，積荷割当政策が実施される以前の自国船の輸送量は X1，海運消費量は CX1，外国船の使用量は X1 CX1，農産品生産量は Y1，農産品消費量は CY1，農産品輸出量は CY1Y1 となる。

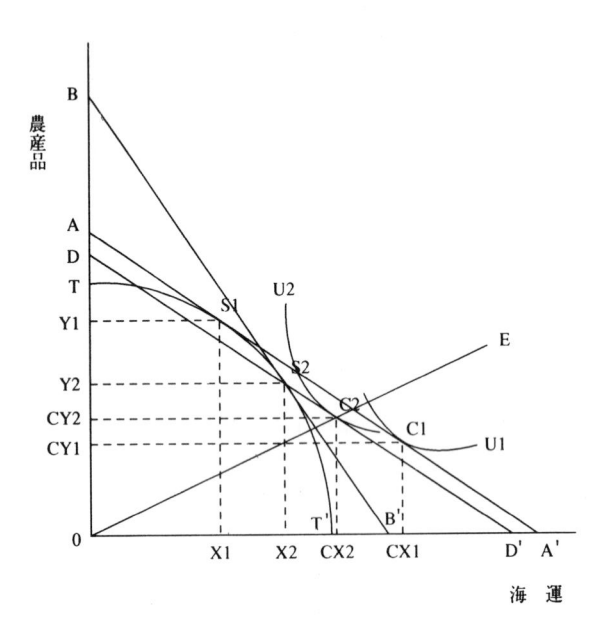

図4-8 積荷割当政策と経済厚生効果

さて，途上国は積荷割当政策を実施し，自国船の輸送量として X2 を留保し，自国船の運賃が FR ％(FR/100=Fr)上昇したとすれば，新しい運賃 F2 は

$$F2=(1+Fr)F1$$

となり，農産品の価格を不変とすると，積荷割当政策を実施した後の新たな相対運賃は

$$\frac{F2}{P}=(1+Fr)\frac{F1}{P}$$

と表され，運賃の上昇による自国船の増収金額は，農産品で表せば

増収金額=輸送量(X2)× 上昇率(Fr)× 積荷割当前の相対運賃(F1/P)

$$=X2\frac{F1}{P}Fr$$

となり，直線 BB' の傾きの絶対値が新たな相対運賃(1+Fr)F1/P に等しいものとすると，生産点は点 S1 から点 S2 に移行し，自国船の輸送量は X2 に増加し，

農産品の生産量はY2に減少することになる。

そして，Y軸上のAは

$$A = Y1A + Y1$$

であり，これは

$$A = \frac{F1}{P}X1 + \frac{P}{P}Y1$$

と表すことができ，したがってAは農産品で表した国民所得を示す。また，積荷割当後のY軸上のBは

$$B = Y2B + Y2$$

$$= (1+Fr)\frac{F1}{P}X2 + \frac{P}{P}Y2$$

であり，したがってBは農産品で表した積荷割当政策を実施した後の国民所得を示し，運賃の上昇によって消費者が2財の購入に充てることができる所得(支出国民所得)は，運賃上昇分をDBとすれば(後述)

支出国民所得(D) = 国民所得(B) - 運賃上昇分(DB)

となり，自国船利用者にとっての予算線は線分BS2となり，他方，外国船利用者は積荷割当政策が実施される以前の相対運賃で外国船を使用できるために，その予算線は線分S2D'となり，運賃が2種類存在するために予算線はBS2D'と屈折した形状となる。

この時，消費者は$(1+Fr)F1/P$と$F1/P$という2つの相対運賃と支出国民所得Dという制約の下で効用を最大にしようすれば，消費点は曲線OE(エンゲル曲線)と予算線BS2D'の交点C2に移動する。つまり，この点C2において社会的無差別曲線U2と予算線BS2D'が接し，点C2が積荷割当政策を実施した後の最適消費点となるため，海運の消費量はCX2，外国船の使用量はX2CX2，農産品の消費量はCY2，農産品輸出量はY2CY2になる。

したがって，途上国の経済厚生の水準が社会的無差別曲線の水準によって表されるものとすれば，積荷割当政策は厚生水準を低下させることになる。

(3) 積荷割当政策による増収金額の算出

運賃の上昇による増収金額の総額が図 4-8 の Y 軸上の DB となるのは，以下のように説明される。図 4-9 は図 4-8 の一部を拡大したもので，横軸の Y2S2 は自国船に留保された生産量(つまり自国船の輸送量)，点 S2 は生産点を表し，線分 DS2 は生産点 S2 を通り価格線 AA' に平行に引かれた直線 DD' の一部であり，その傾きは F1/P に等しく，線分 BS2 は直線 BB' の一部であり，その傾きは(1+Fr)F1/P に等しく，そのため

$$Y2B = X2(1+Fr)\frac{F1}{P}$$

$$Y2D = X2\frac{F1}{P}$$

であり，したがって両者の差(DB)は

$$DB = Y2B - Y2D = X2(1+Fr)\frac{F1}{P} - X2\frac{F1}{P}$$

$$= X2\frac{F1}{P} Fr$$

となり，それは前に示された農産品で表した運賃増収金額に等しい。

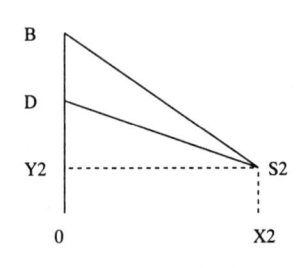

図4-9 増収金額の算出

【注】
1) 運航補助金に類似した海運保護政策に，船舶の建造に対して補助金を支給する建造補助金制度がある。

第4章 海運保護政策の理論　93

　付図 4-1 は，完全競争下にある造船市場を描いたもので，横軸には数量，縦軸には船価・費用が測られ，直線 D1D1' および直線 D2D2' は船主の需要曲線，直線 SS' は造船企業の供給曲線を表し，いま需要曲線を D1D1' とすれば，均衡船価は P1，均衡数量は Q1 となる。

　さて，船主に対して船舶の建造補助金が単位量あたり D1D2(=PSP2)支給されるようになり，船主の需要が増加して需要曲線が直線 D1D1' に平行な直線 D2D2' にシフトすれば，均衡船価は P2 に上昇し，均衡数量は Q2 に増加する。

　この時，造船企業の販売価格は P2，船主が支払う価格は P2 - PSP2=PS であり，その価格は建造補助金が支給される以前の価格 P1 から補助額を引いた金額ではなく，建造補助金の一部を供給価格の上昇という形で造船企業が受け取ることになる。このように，船主に支払われた補助金の効果が船主だけでなく，その取引相手である造船企業にも及び，これを補助金のダイバージョンという。

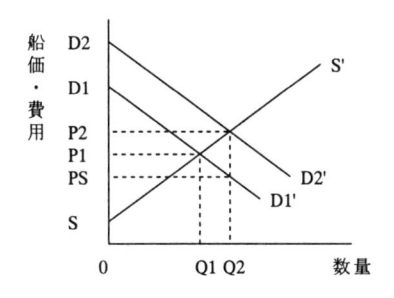

付図 4-1　造船市場と建造補助金

　そして，船主と造船企業のどちらが建造補助金の恩恵を大きく受けるかは，需要と供給の両者の価格弾力性(Ep=|(dQ/Q)/(dP/P)|)の差に依存し，補助金は価格弾力性が非弾力的な方に多く帰属することになる。

2）運航補助金政策は，海運生産者が予め補助金を取得して海運供給量を増大した場合と結果は同じになる。

　付図 4-2 は，完全競争下にある途上国の国内海運市場を描いたもので，横軸には数量，縦軸には運賃・費用が測られ，直線 DD' は需要曲線，屈折した直線 SS' および直線 S1S1' は自国船の供給曲線，直線 PP' は外国船の供給曲線（したがって P は外国船の運賃）を表しているものとする。

　いま，途上国は自国船の輸送量を C' に増加するために，輸送量単位あたり PR の運航補助金を自国船に支給し，海運生産者はその取得によって海運供給量を増大し，供給曲線が直線 SS' に平行な直線 S1S1' になったとすれば，海運消費量は B' のまま変わらないが，自国船の輸送量が C' に増加することによって外国船の使用量は C'B' に減少する。そして，このような場合の途上国における総余剰の変化をみると，生産者余剰は三角形

PASの面積から三角形PFS1の面積へと四角形AFS1Sの面積分増加し，消費者余剰は運賃が不変であるため三角形DBPの面積のままであるが，自国船主に支給された運航補助金を税金という形で消費者が均等に負担したとすれば，運航補助金分(四角形RCFPの面積)減少することになる。

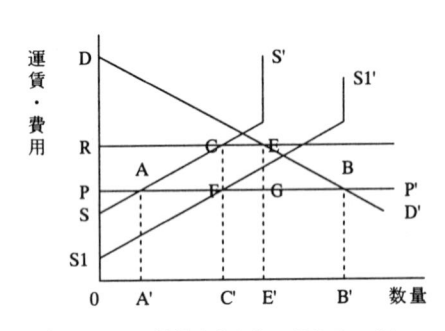

付図4-2 運航補助金と海運供給量の増加

したがって，運航補助金を取得して海運生産者が海運供給量を増大し，自国船の輸送量を増加した場合の総余剰は運航補助金政策が実施される以前と比較して三角形CFAの面積分減少し(四角形RCAPと四角形AFS1Sの面積は等しい)，それは本論でみたように海運生産者が海運供給量を増大せずに運航補助金を取得していた場合と同じになる。

ただし，異なる点は海運生産者が海運供給量を増大せずに運航補助金を取得した場合には，補助金によって赤字が補填されるだけであるが，運航補助金を取得して海運生産者が海運供給量を増大した場合には赤字補填ではなく，生産規模の拡大によって消費者の利益が海運生産者に移転し，さらにこの場合には運航補助金政策が打ち切られたとしてもC'を自国船の輸送量として維持することができるようになる。

3) ここでは外国船は課せられた差別的な諸税と同額を運賃に上乗せするとしたが，それは以下のようにして決定されることになる。

付図4-3は，完全競争下にある途上国と先進国の国内海運市場を合成して描いたもので，それぞれの横軸には数量，縦軸には運賃・費用が測られ，直線DbDb'は先進国における需要曲線，屈折した直線SbSb'はその供給曲線，Pは差別課徴政策を実施する以前の先進国船の運賃(世界運賃)を表し，同図では世界海運市場の描画が省略されているが，先進国の超過供給量＝途上国の超過需要量つまりCE=LJ=FG，AB=FHとなるように描かれ，またここではPR=R'Pとする。

先進国船が課せられた差別的な諸税を運賃に上乗せず現行の運賃を適用し続けるとすれば，先進国船の余剰は三角形MJQ-三角形HIJの面積となり，運賃に諸税を上乗せした場合には四角形FGNQの面積となる。したがって，同図のような場合には先進国船の余剰は現行の運賃を適用し続けるよりも，運賃に諸税を上乗せした方が長方形FGKM

第4章 海運保護政策の理論 95

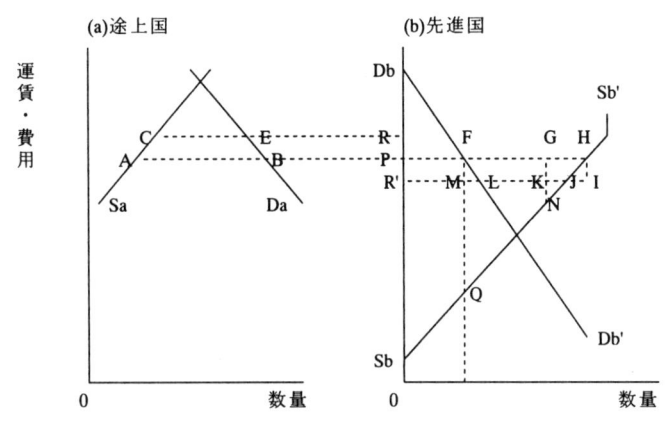

付図 4-3 差別課徴政策と外国船の対応

の面積分大きく,そのため先進国船が利潤の極大化を図ろうとするならば,課せられた差別的な諸税と同額を運賃に上乗せすることになる。

4) 自国海運を保護・育成するために積荷割当政策が実施され,政府関連貨物が高い運賃を負担するようになれば,その排他的な部分の国内海運市場において海運企業が独占体となる可能性があり,それは以下のように説明される。

付図 4-4 は,積荷割当政策を実施している途上国の国内海運市場を描いたもので,横軸には数量,縦軸には運賃・費用が測られ,直線 DD' は需要曲線,屈折した直線 SS' は自国船の供給曲線,直線 DR は限界収入曲線,直線 PP' は外国船の供給曲線(したがって P は外国船の運賃)を表しているものとする。

いま,途上国によって自国船の輸送量として C' が留保されたために,海運企業が自国船の運賃を M(独占運賃)に値上げしたとしても,途上国の総余剰は独占運賃が設定される以前と変わらず,途上国一国としての不利益は発生しない。ただ,消費者余剰が長

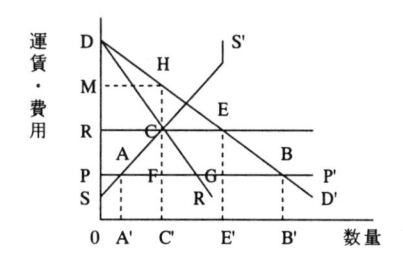

付図 4-4 積荷割当政策と独占企業

方形 MHCR の面積分減少することになり，それが生産者余剰の増分として生産者に移転するだけである。

そのため，自国船に留保される貨物が政府関連貨物であり，政府と海運企業の間に癒着関係がある場合や，政府が自国海運の保護・育成を急ぐ場合には積荷割当政策による市場の独占によって海運企業が独占体へと発展することがある。

他方，独占運賃は以下のように決定される。いま，独占運賃を F, 海運生産量を X, 需要曲線を F(X), 総費用曲線を C(X) とすれば，海運を X 単位生産して販売した時の利潤 R(X) は，FX がその時の収入額，C(X) が費用であるため

$$R(X) = FX - C(X) \quad \cdots\cdots\cdots\cdots (1)$$

と表される。そして，運賃は独占海運企業によって操作されるために，海運を X 単位生産して販売した時の運賃は F(X) であるため，(1)式は

$$R(X) = F(X)X - C(X) \quad \cdots\cdots\cdots\cdots (2)$$

と書き替えられる。

この(2)式を海運生産量 X で微分してゼロと置くことによって，利潤 R(X) を最大にする生産量を求めることができる。すなわち

$$\frac{dR(X)}{dX} = F'(X)X + F(X) - C'(X) = 0$$

より

$$F'(X)X + F(X) = C'(X) \quad \cdots\cdots\cdots\cdots (3)$$

となる。

そして，(3)式の左辺は限界収入，右辺は限界費用を示し，利潤は限界収入＝限界費用となる生産量の時に最大となる。

【参考文献】

S.R.C.Wanhill, "Freights Rates, Conferences and Developing Countries", *Maritime Study and Management*, Vol.5, 1975.

村上敦・小田正雄・鈴木克彦・池本清『貿易入門』有斐閣新書，1979 年。

C.P.Kindleberger and P.H.Lindert, *International Economics*, 7th ed., R.D.Irwin, 1982（相原光・緒田原涓一・志田明訳『国際経済学』第6版，評論社，1983 年）。

伊藤元重・大山道広『国際貿易』岩波書店，1985 年。

高田富夫「海運保護政策の基礎理論」，澤喜司郎編著『海運論入門』八千代出版，昭和 60 年。

R.E.ケイブス・R.W.ジョーンズ『国際経済学入門』（小田正雄・江川育志・田中茂和訳），多賀出版，1987 年。

山本繁綽『国際経済学』同文館出版，1988 年。

小田正雄・鈴木克彦・井川一宏・阿部顕三『ベーシック国際経済学』有斐閣ブックス，1989 年。

澤喜司郎「国旗差別政策の経済政策的意義」『海外海事研究』No.121, 1993 年 11 月。

高田富夫『海運産業の成長分析』晃洋書房，1996 年。

第5章 便宜置籍船と海運資本輸出の理論

5・1 海運と海運資本の輸入

(1) 海運保護政策と海運の輸入

　途上国が自国海運の保護政策によって自国船の輸送量を増加したため，先進国船の利用(海運の輸入)が減少しても，先進国が途上国に資本を輸出するならば，先進国船が果たしていた役割を輸出された資本が代替することになる。

　いま，先進国を資本豊富国，途上国を労働豊富国とし，両国は完全競争の下で資本と労働をもちいて資本集約財である海運と労働集約財である農産品をそれぞれ同一の生産技術の下で生産し，各企業は利潤の極大化を図っているとしよう。

　図 5-1 は，横軸に農産品の数量，縦軸に海運の数量を測り，途上国の国民経済を描いたもので，曲線 TT は生産可能性フロンティア，曲線 U1 および曲線 U2 は社会的無差別曲線を表し，直線 AA' を途上国が海運保護政策を採用する以前の価格線(=予算線)とすれば，生産点は点 S1，消費点は点 C1 となり，このとき農産品生産量は X1，海運生産量は Y1，農産品消費量は CX1，海運消

費量は CY1 となり，CX1X1 が農産品の輸出量，Y1CY1 が海運の輸入量つまり先進国船の使用量となる。

さて，世界市場における相対運賃が不変の下で途上国が自国船の輸送量を Y2 に増加するならば生産点は点 S2 に移動し，農産品の生産量は X2 に減少する。そして，農産品の消費量を不変(CX1)とするならば CX1X2 の農産品を輸出し，Y2CY2 の海運を輸入することになり，消費点は点 S2 を通り直線 AA' に平行な直線 BB' 上の点 C2 に移行し，点 C2 で社会的無差別曲線 U2 と接する。この時，生産点S2では資本と労働は完全雇用されているものの費用最小化は達成されず，途上国の国民所得は海運で表せば A から B に減少することになる。

なお，海運輸入量の減少分(Y1CY1-Y2CY2=Y1Y2+CY2CY1)は，自国船の輸送量の増加によるもの(Y1Y2)と，国民所得の減少によるもの(CY2CY1=BA)に大別される。

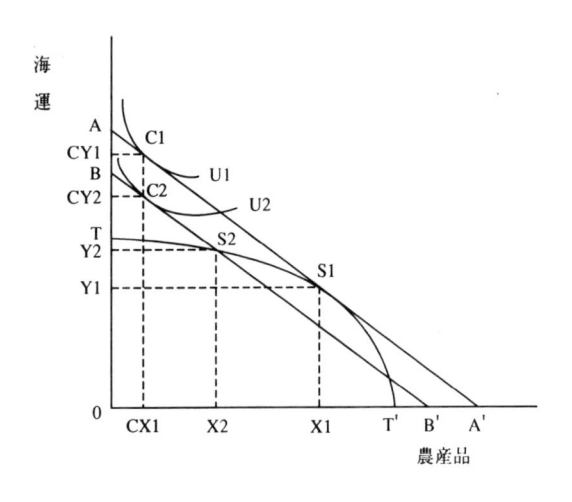

図5-1 海運保護政策と海運輸入量の変化

(2) 海運保護政策とレンタルの上昇

途上国における海運保護政策によって自国船の輸送量は増加するものの，海

運消費量や海運輸入量が減少すると同時に，途上国のレンタル(資本の賃貸料)が上昇し，賃金が低下するため，資本の輸出入が自由化されている場合には先進国の資本が途上国に輸出されることになり，それは以下のように説明される。

いま，途上国では資本と労働という2つの生産要素をもちいて資本集約財である海運と労働集約財である農産品が生産され，資本と労働は完全雇用されているとしよう。

図 5-2 は，横軸に労働投入量，縦軸に資本投入量を測り，途上国での農産品生産における固定的な資本・労働投入比率(直線 OKLA)と海運生産における固定的な資本・労働投入比率(直線 OKLS)を描いたもので，途上国が海運保護政策を採用する以前の農産品生産への資本・労働投入量を点 SA1，海運生産への資本・労働投入量を点 SS1 とすれば，農産品の生産に資本が KA1，労働が LA1 投入され，海運の生産に資本が KS1，労働が LS1 投入されていることになる。なお，それぞれの資本投下量および労働投下量の合計は途上国における資本および労働の賦存量に等しいものとし，またここでは KS1KS2=KA2KA1，LS1LS2=LA3LA1 となるように描かれている。

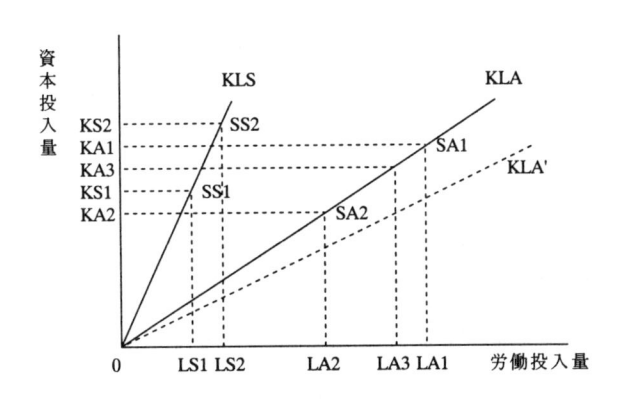

図5-2　海運生産量の増加と労働力の過剰

さて，途上国が自国船の輸送量を増加(海運生産への資本・労働投入量を点 SS1 から点 SS2 に移行)するためには，資本 KS1KS2 と労働 LS1LS2 の追加的

な投入が必要となり，閉鎖経済の下ではこの必要な資本と労働は農産品の生産部門から吸収され，したがって農産品の生産量は減少することになる。そして，農産品の生産部門では KS1KS2=KA2KA1 の資本の減少は LA2LA1 の労働の減少となるが，海運の生産部門に吸収される労働量は LS1LS2=LA3LA1 であり，したがって農産品の生産部門においては LA2LA3 の労働が過剰となるため，固定的な資本・労働投入比率の下では賃金が低下し，また農産品の生産部門が過剰労働量を吸収しようとすれば，KA2KA3 の資本が不足するためレンタルが上昇することになる。[1]

なお，農産品の生産部門において資本節約的・労働使用的な技術が進歩し，資本・労働投入比率が直線 OKLA' に変化すれば過剰労働量は吸収されることになるが，技術進歩のない状態で過剰労働を吸収すれば，労働の限界生産力は低下することになる。

(3) 海運資本の増加と海運生産量の増加

財価格が一定のとき先進国からの資本の流入によって途上国における資本の供給量が増大すると，資本集約財である海運の生産が増加し，労働集約財である農産品の生産が減少することになり，それは以下のように説明される。

図 5-3 は，横軸に労働賦存量，縦軸に資本賦存量を測り，途上国での労働集約財である農産品の生産における資本・労働投入比率(直線 OKLA)と，資本集約財である海運の生産における資本・労働投入比率(直線 OKLS)を描いたもので，両財の生産における資本・労働投入比率を固定的とし，資本および労働の賦存量が点 P によって与えられているとすれば，海運生産量は線分 OS，農産品生産量は線分 OM(の長さ)によって表されることになる。[2]

そして，先進国からの資本の流入によって途上国における資本の賦存量が PP' 増加し，新たな賦存状況が点 P'に移動すれば，価格に変化がない限り資本・労働投入比率は一定であるため新たな海運生産量は線分 OR に，農産品生産量は線分 ON によって与えられ，海運生産量は SR 増加し，農産品生産量は

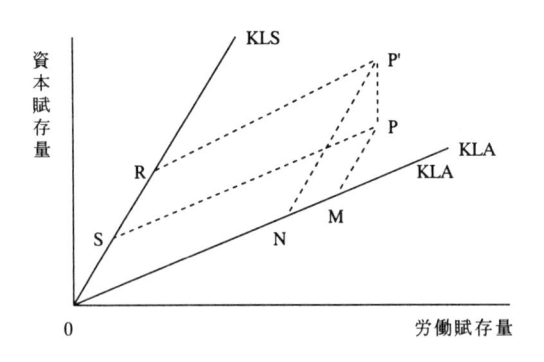

図5-3 資本の増加と生産量の変化

NM 減少することになる。

つまり，労働賦存量が固定的な下では増加した資本量はもっぱら資本集約財(ここでは海運)の生産拡大のために吸収されるが，海運生産量を増加するためには追加的な労働を必要とし，その必要量は労働集約財(ここでは農産品)の生産に投入されていた部分から確保されるため，労働集約財つまり農産品の生産量は減少を余儀なくされることになる。

(4) 海運資本の流入と生産点の移動

先進国からの資本の流入による途上国での海運生産量の変化などについてみてみよう。

図 5-4 は，図 5-1 と同様に横軸に農産品の数量，縦軸に海運の数量を測り，途上国の国民経済を描いたものである。

いま，海運保護政策の採用によって途上国ではレンタルが上昇したため先進国の資本が途上国に輸入され，先進国からの資本の流入量の増加とともに生産点が点 S3 に移動したとすれば，生産可能性フロンティアは破線で示される曲線QQ'に拡大することになる。ただし，ここでは生産要素である資本と労働の産業間の移動を完全とする。

この時，農産品の生産量は X1 となり，農産品の消費量を不変(CX1)とすれ

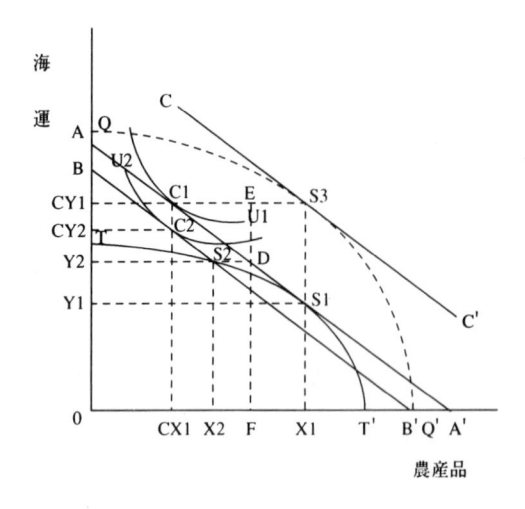

図5-4 海運資本の流入と生産量の変化

ば CX1X1 の農産品が余剰となり，このうち CX1X2 の農産品が先進国に輸出され，残りの X2X1 の農産品は途上国に輸入された先進国の資本の報酬(その内訳は点 Y2 と点 S2 を結ぶ延長線と直線 AA' の交点を D，点 D を通る垂線と横軸との交点を F とすれば，X2F が海運生産における報酬，FX1 が農産品生産における報酬)として先進国に送付されることになる。

他方，海運生産量については途上国の資本による生産量が Y2，輸入された先進国の資本による生産量が CY2CY1 となり，先進国からの海運輸入量が Y2CY2 であるため，途上国における海運消費量は CY1 となる。したがって，消費点は点 C1 となり，途上国が海運保護政策によって海運生産量を Y1 から Y2 に増加する以前と同じ水準となる。したがって，支出国民所得を表す実質予算線である直線 AA' と社会的無差別曲線 U1 が点 C1 で接するために，途上国の国民所得は海運で表せば A となる。

同時に，途上国が海運生産量を増加する以前と同量(CX1X1)の農産品を先進国は途上国から取得することができるため，先進国船が果たしていた役割を輸出された先進国の資本が代替したことになる。

ただし、ここでは先進国の資本が途上国の海運生産部門だけではなく、農産品生産部門にも投下されたことになる。もし先進国の資本が途上国の海運生産部門にのみ投下される(資本の産業間の移動を不完全)とすれば、先進国の資本輸出量が減少するため、生産点は点 E となり、途上国にとっては海運生産量を増加する以前と同量の海運と農産品を消費することができるが、先進国が途上国から取得できる農産品の量は FX1 分減少すると同時に、先進国内においては過剰資本が発生することになる。

5・2　海運の輸出と船舶の便宜置籍

(1) 海運の生産量と輸出量

　途上国が自国海運の保護政策によって自国船の輸送量を増加したため、先進国船の使用が減少しても、資本の輸出入が完全自由化されているならば、先進国の資本輸出が海運の輸出を代替することについてみたが、ここではまず途上国における海運保護政策による先進国の国民所得の変化について検討しよう。なお、ここでは資本の輸出を船舶の便宜置籍として考えることにする。
　いま、先進国を資本豊富国、途上国を労働豊富国とし、両国は完全競争の下で資本と労働をもちいて資本集約財である海運と労働集約財である農産品をそれぞれ生産し、その生産技術は両国で同一とする。
　図 5-5 は、横軸に海運の数量、縦軸に農産品の数量を測り、先進国の国民経済を描いたもので、曲線 T1T1' は生産可能性フロンティア、曲線 U1 および曲線 U2 は社会的無差別曲線を表し、直線 AA' を先進国が船舶の便宜置籍を行う以前の価格線(=予算線)とすれば、生産点は点 S1、消費点は点 C1 となり、このとき海運生産量は X1、海運消費量は CX1、海運輸出量は CX1X1、農産品生産量は Y1、農産品消費量は CY1、農産品輸入量は Y1CY1 となる。
　さて、途上国における海運保護政策によって先進国の海運輸出量が CX1X2

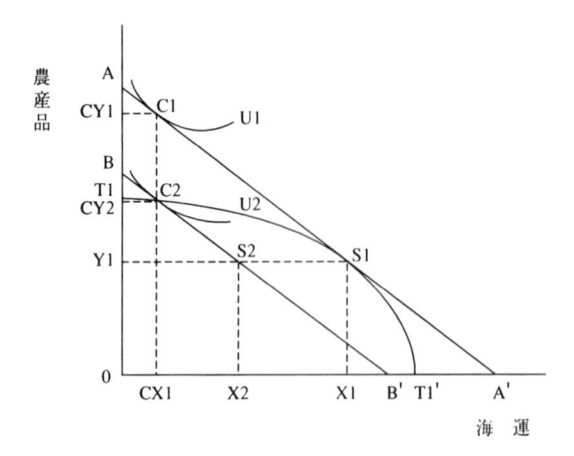

図5-5　海運保護政策の海運輸出量に対する影響

に減少したとすれば(ただし国内の海運消費量は不変とする),海運生産量はX2となり,資本と労働の産業間の移動が不完全で,農産品の生産量を不変とすれば生産点は点S2に移動し,このとき資本(船舶)と労働(船員労働)が不完全雇用の状態となる。また,海運輸出量の減少に連動して農産品の輸入量がY1CY2に減少するため農産品の消費量はCY2に減少することになり,点S2を通り直線AA'に平行な直線BB'と社会的無差別曲線U2が接する点C2に消費点が移動するため,農産品で表した国民所得はAからBに減少することになる。

(2) 船舶の便宜置籍と海運生産量の減少

　途上国における海運保護政策によって海運輸出量が減少し,国民所得も減少した先進国における船舶の便宜置籍による国民所得の変化についてみてみよう。

　図5-6は図5-5と同様に先進国の国民経済を描いたもので,いま資本の輸出入が完全自由化されており,先進国で過剰となった船舶が途上国に便宜置籍されたとすれば,図5-6に示されるように,船舶の便宜置籍量の増加とともに先進国の生産可能性フロンティアは曲線T2T2'に縮小し,生産点が点S3に移動したとすれば,曲線T2T2'は船舶が便宜置籍される以前の価格線AA'に平行な

直線 DD' と点 S3 で接するようになり，船舶の便宜置籍によって資本(船舶)と労働の完全雇用と費用最小化が達成されることになる。

この時，海運消費量と海運輸出量を不変とすれば，海運生産量はその合計 X2 に等しく，労働の産業間の移動性を完全とすれば，農産品の生産量は船舶の便宜置籍によって過剰となった船員が農産品の生産に振り向けられることによって Y3 に増加し，船舶の便宜置籍による報酬を考慮しなければ点 C3 で予算線 DD'(後述)と社会的無差別曲線 U3 が接し，農産品消費量は CY3，農産品輸入量は Y3CY3 となる。

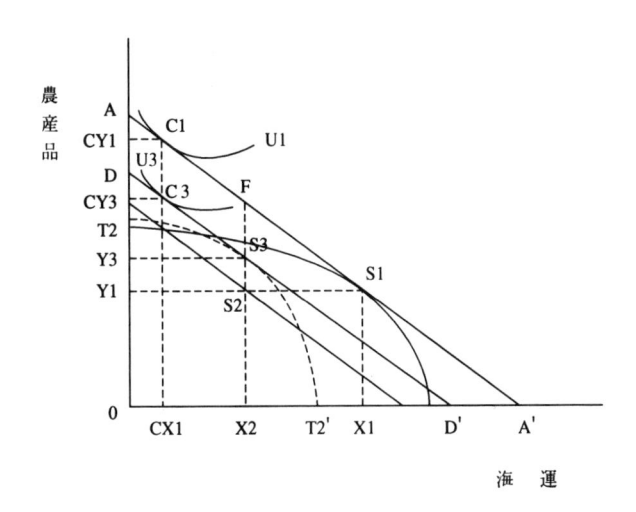

図5-6 船舶の便宜置籍と生産量の変化

そして，点 S2 と点 S3 を結ぶ延長線と直線 AA' の交点を F とすれば，海運生産量の減少量 X2X1 を農産品で測れば S2F に等しく，このうち S2S3=Y1Y3 は農産品の生産量の増分であるため，船舶の便宜置籍に伴う農産品で表した国内生産の減少額は S3F(=DA) となり，直線 DD' が予算線となるため，縦軸上の D が船舶の便宜置籍後の農産品で測った先進国の国内生産となる。

なお，船舶の便宜置籍に伴う収益(対外投資利益)として DA の農産品が途上国から先進国に送られてくるため，農産品の消費量は途上国が海運保護政策を

採用する以前の消費量 CY1 と等しくなり，農産品で測った先進国の国民所得は船舶の便宜置籍を行う以前の水準 A に回復することになる。

(3) 海運資本と船員労働力の輸出

　資本輸出の一つの形態としての資本(船舶)と労働(海運資本・船員労働投入比率に対応した船員労働)が一緒に先進国から輸出される場合についてみてみよう。つまり，これは要因は異なるものの，形態的には途上国への定期用船を想定すればよい。

　いま，先進国を資本豊富国，途上国を労働豊富国とし，両国は完全競争の下で資本と労働をもちいて資本集約財である海運と労働集約財である農産品をそれぞれ生産し，その生産技術は両国で同一とする。

　図 5-7 は，横軸に海運の数量，縦軸に農産品の数量を測り，先進国の国民経済を描いたもので，曲線 T1T1' は生産可能性フロンティア，曲線 U1 は社会的無差別曲線を表し，直線 AA' を船舶と船員が輸出される以前の価格線(=予算線)とすれば，生産点は点 S1，消費点は点 C1 となり，このとき海運生産量が X1，農産品生産量が Y1，海運消費量が CX1，農産品消費量が CY1 であり，CX1X1 が海運輸出量，Y1CY1 が農産品輸入量となる。

　いま，先進国は途上国へ海運を輸出できなくなり，その代わりに資本と労働の輸出入の完全自由化の下で船舶と船員(資本・労働投入比率に対応した量)が途上国に輸出されたとすれば，先進国では海運生産量は減少するが，農産品の生産量には変化はなく，資本と労働の完全雇用と費用最小化も維持されることになる。

　そのため，船舶と船員の輸出量の増加とともに生産点が点 S1 から点 S2 に移動したとすれば，先進国の生産可能性フロンティアは曲線 T2T2' に縮小し，曲線 T2T2' は直線 AA' に平行な直線 BB' と点 S2 で接するようになる。この時，海運生産量は X2 に減少し，海運消費量を不変とすれば海運生産量と海運消費量は等しくなり，海運輸出量はゼロになる。また，海運の輸出がなくなるため，

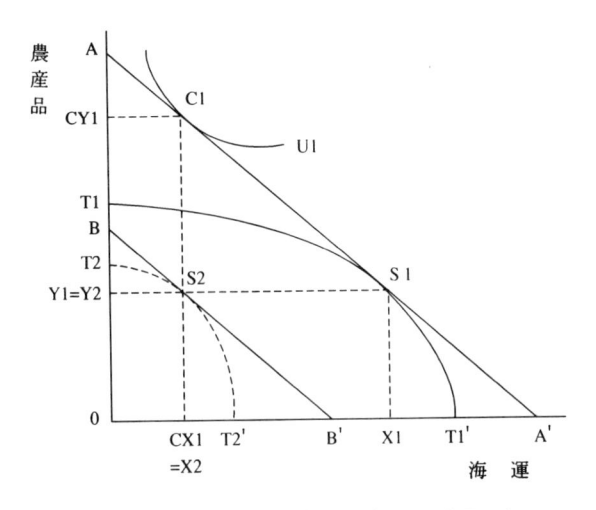

図5-7 海運資本と船員労働力の輸出と生産量の変化

貿易収支の均衡を図ろうとすれば農産品の輸入もなくなることになる。

そして，海運生産量の減少量 S2S1=X2X1 は農産品で測れば S2C1 に等しく，そのため直線 BB' が予算線となり，縦軸上の B が農産品で測った先進国の国内生産となる。しかし，船舶と船員の輸出に伴う対外投資収益として S2C1 の農産品が途上国から先進国に送られてくるため，農産品の消費量は船舶と船員が輸出される以前の消費量 CY1 と等しくなり，農産品で測った国民所得は船舶と船員が輸出される以前の水準 A に回復する。

(4) 海運資本の輸出と三国間輸送

資本(船舶)と労働(海運資本・船員労働投入比率に対応した船員労働量)を一緒に輸出するものとして三国間輸送があり，三国間輸送は海運の輸出であるが，ここでは国内における資本(船舶)と労働の過剰に基づく三国間輸送への進出についてもみておこう。

いま，先進国では完全競争の下で資本と労働をもちいて海運と農産品という2財が生産されているとする。

図 5-8 は，横軸に海運の数量，縦軸に農産品の数量を測り，その先進国の国民経済を描いたもので，曲線 T1T1' は生産可能性フロンティア，曲線 U1 および U2 は社会的無差別曲線を表し，直線 AA' の傾きが世界相対運賃に負の符号を付けたものに等しいものとすれば，海運生産量が X1，農産品生産量が Y1，海運消費量が CX1，農産品消費量が CY1 となり，CX1X1 が海運輸出量，Y1CY1 が農産品輸入量となる。

さて，先進国では海運消費量が X3 に減少し，海運生産量のうち X3CX1 が過剰となり，その船舶(と船員)が三国間航路に就航したとすれば，海運生産量は減少するが，農産品の生産量には変化はなく，資本と労働の完全雇用と費用最小化が維持されることになる。

したがって，船舶の三国間航路への就航量の増加とともに生産点が点 S1 から点 S2 に移動したとすれば，生産可能性フロンティアは曲線 T2T2' に縮小し，曲線 T2T2' は価格線 AA'に平行な直線 BB' と点 S2 で接するようになる。この時，海運生産量は X2 に減少し，海運輸出量を不変(CX1X1=X3X2)とすれば，生産量から輸出量を引いた残りが消費量に等しくなる。また，農産品の生産量と農産品の輸入量が不変であるため農産品消費量も不変となり，そのため消費

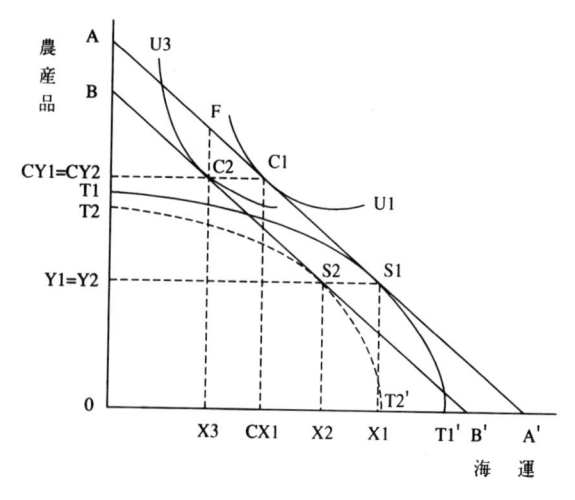

図5-8　海運資本輸出と三国間輸送

点は点 C2 に移動することになる。

　そして，点 X3 と点 C2 を結ぶ延長線と直線 AA' の交点を F とすれば，船舶の三国間航路への就航(船舶と船員の三国間航路への輸出)による海運生産量の減少量 X2X1=X3CX1 を農産品で測れば C2F=BA に等しく，そのため直線 BB' が予算線となり，縦軸上の B が農産品で測った先進国の国内生産となる。

　しかし，三国間航路への就航に伴って海運で測った横軸上の B'A'(農産品で測った縦軸上の BA)が三国間航路における運賃収入として先進国にもたらされることは，海運消費量が CX1 に等しくなることを意味し，したがって海運で測った国民所得は船舶が三国間航路に就航する以前の水準 A' に回復することになる。ただし，ここでは三国間航路への就航に伴う運賃収入を除いて，海運の輸出と農産品の輸入という貿易収支は均衡しているために，三国間航路への就航に伴う運賃収入を含めて貿易収支を均衡させるためには，先進国は何らかの財あるいはサービスを新たに輸入することになる。

5・3　便宜置籍国と海運資本の輸入

(1) 便宜置籍国の国民経済

　船舶の便宜置籍による便宜置籍国における国民所得の変化についてみてみよう。いま，閉鎖経済下にある途上国が完全競争の下で資本と労働をもちいて農産品のみを生産し，同国は極めて小さな国で，国内生産も非常に小さいものとする。

　図 5-9 は，その途上国の国民経済を描いたもので，縦軸には農産品の数量，横軸には論述の便宜上から海運の数量が測られ，同国は農産品のみを生産しているために生産点を点 T1 とすれば，閉鎖経済であるため消費点は生産点と同じ点 T1 となり，このとき農産品の生産量および消費量は縦軸上の T1 となり，同時にそれが農産品で測った国民所得となる。

```
        農 B
        産
        品
           T1
                ＼
                  ＼
                    ＼
        0    T1'           X2   海運
```

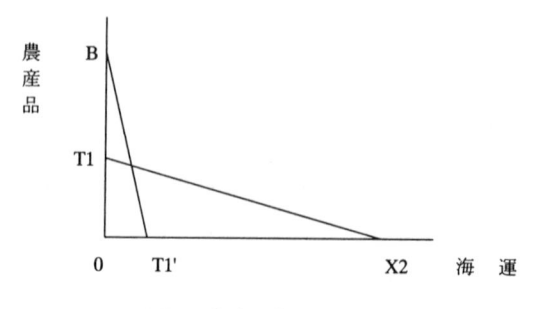

図5-9 便宜置籍国の国民経済

　さて，この途上国では海運の生産は行われていないが，仮に農産品と海運という2財が生産されたとして，求められた相対運賃に負の符号を付けたものが直線 T1X2 の傾きに等しく，世界相対運賃に負の符号を付けたものが直線 BT1' の傾きに等しいものとすれば，同国における相対運賃は世界相対運賃よりも安いために，同国は海運の生産に特化し，海運を輸出して農産品を輸入することができる。

　しかし，途上国は定義により非常に小さな国であり，海運を輸出して農産品を輸入することによる国民所得の増加も同国の国内生産の規模に制約されるため，同国は財の貿易ではなく資本の貿易を行うことによって，つまり自国の国内生産の規模に制約されない便宜置籍国となることによって国民所得の増加を図ることもできる。

(2) 便宜置籍国の国民所得

　便宜置籍国における相対運賃の安さの要因が，ここでは船舶の登録料および更新料が安い，法人税や所得税が課せられない，船舶の定期検査の義務を負わない，置籍国船員の配乗義務を負わないことにあるとし，資本輸出によって同国に設立された先進国の海運企業もこれらの便益を享受することができるものとしよう。

　なお，図 5-9 に示された途上国における相対運賃(直線 T1X2 の傾きの絶対値)には船舶の登録料や更新料は含まれず，それらを含んだ相対運賃に負の符

号を付けたものは図 5-10 に示される直線 T1E の傾きに等しいものとする。つまり，船舶の登録料や更新料を含むことによって相対運賃は高くなり，したがって直線 T1X2 と直線 T1E の傾きの絶対値の差が船舶の単位量あたりの登録料および更新料を表すことになる。

さて，便宜置籍国となることによって，図 5-10 に示されるように，先進国からの資本の輸入量つまり便宜置籍の増加とともに生産点が点 T1 から点 S2 に移動したとすれば(ただし議論を平易にするために必要な船員も同時に輸入されるものとする)，生産可能性フロンティアは曲線 T2T2' となり，曲線 T2T2' は直線 BT1' に平行な直線 DD' と点 S2 で接するようになる。

この時，海運生産量は X2 となり，国内の消費量はゼロであるため，そのすべてが輸出され，他方，農産品の生産量は T1 であり，それは途上国の消費量に等しい。そして，直線 RX2 は直線 T1E に平行とし，船舶の登録料および更新料収入を農産品で表せば海運生産量 X2 に対して T1R となる。そのため，ここでは便宜置籍後の消費点が描かれていないが，貿易収支の均衡を図るために

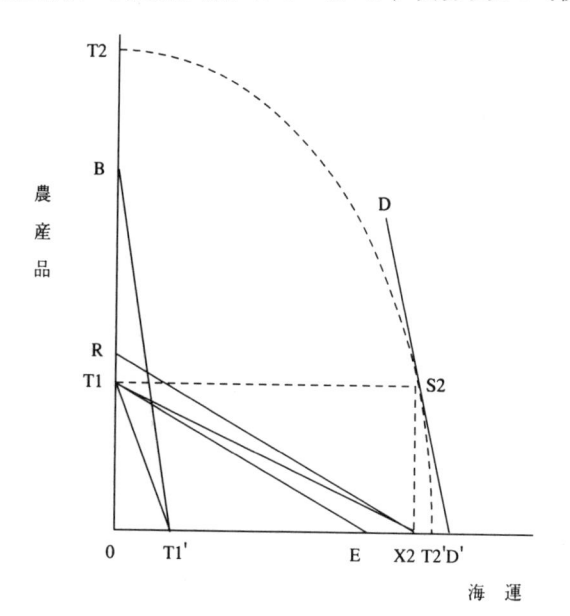

図5-10 便宜置籍国の海運資本輸入

は農産品が輸入されることになり，輸入された農産品のうち T1R が便宜置籍国つまり途上国の余剰として取得され，残りが便宜置籍をした先進国の対外投資収益として先進国に送られることになる。

したがって，便宜置籍国は便宜置籍船を受け入れれば船舶の登録料および更新料収入分だけ国民所得を増加することができ，ここに便宜置籍国が置籍量をできるだけ多くしようとする経済的誘因が働くことになる。

(3) 便宜置籍と先進国の生産可能性フロンティア

便宜置籍による便益が運賃に反映され，その運賃が世界運賃よりも安いという前提の下で，便宜置籍を行う先進国の利益についてみてみよう。そして，便宜置籍による便宜置籍国における海運生産量の増加を先進国における増加として描いたものが図5-11である。

同図は，横軸に海運の数量，縦軸に農産品の数量を測り，完全競争の下で資本と労働をもちいて農産品と海運という2財を生産している先進国の国民経済を描いたもので，曲線T1T1'は生産可能性フロンティアを表し，直線AA'の傾きが世界相対運賃に負の符号を付けたものに等しいものとすれば，生産点は点S1となり，海運生産量はX1，農産品生産量はY1となる。なお，ここでは議

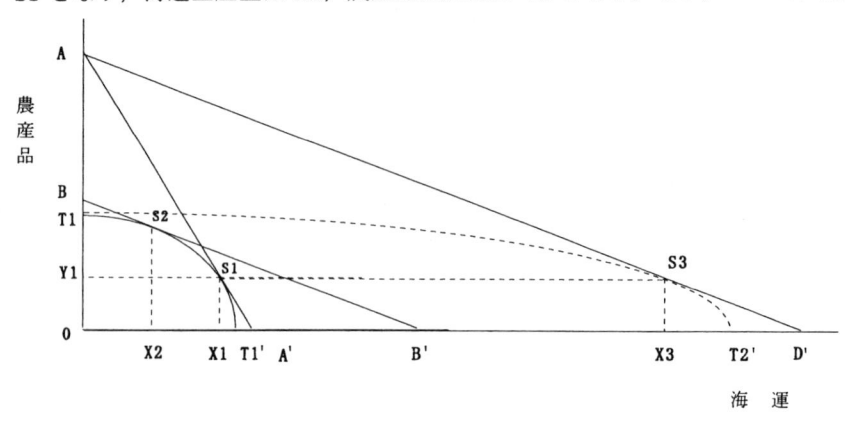

図5-11　便宜置籍と先進国の生産可能性フロンティア

論を容易にし，図を簡略化するために，消費については考えないものとする。

さて，便宜置籍国における相対運賃に負の符号を付けたものが直線 BB' の傾きに等しく，先進国が世界海運市場で X1 の海運を生産するのに必要な船舶をすべて便宜置籍するとすれば(ただし議論を平易にするために船員も同時に輸出されるものとする)，生産可能性フロンティアは曲線 T1T2' に拡大し，農産品の生産量を不変とすれば曲線 T1T2' は直線 BB' に平行な直線 AD' と点 S3 で接するようになり，海運生産量は X3 に増加することになる。つまり，海運生産量 X1 を世界海運市場の相対運賃によって農産品に換算すれば Y1A となり，それを便宜置籍国の相対運賃で再び海運に換算すれば Y1S3 となる。

このように，先進国は船舶を便宜置籍することによって実質的に海運生産量を増加することが可能となり，海運生産量の増加と収益の増加に正の関係にあれば，ここに先進国が船舶の便宜置籍を押し進める経済的根拠がある。

(4) 便宜置籍船の競争優位と市場支配

便宜置籍船は世界海運市場において競争優位を有し，それが船舶の便宜置籍を先進国にとって不可避的なものとしているため，ここでは便宜置籍による便益が運賃に反映され，その運賃が世界運賃よりも安いという前提の下で，便宜置籍の世界海運市場における優位性についてみておこう。

図 5-12 は，完全競争下にある便宜置籍国と先進国の国内海運市場，それに世界海運市場を描いたものであり，それぞれの横軸には数量，縦軸には運賃・費用が測られている。屈折した直線 SaSa1 および直線 SaSa2 は便宜置籍国の供給曲線，直線 Sc1Sc1' および直線 Sc2Sc2' は先進国の供給曲線，直線 SbSb1 および直線 SbSb2 は便宜置籍国と先進国の供給曲線を合成した世界海運市場における供給曲線を表し，直線 Db1 および直線 Db2 は世界海運市場における需要曲線を表しているとしよう。

いま，世界海運市場における需要曲線を直線 Db1，便宜置籍国の供給曲線を直線 SaSa1 (運賃は数量 Q1 までは Sa)，先進国の供給曲線を直線 Sc1Sc1' (運賃

114

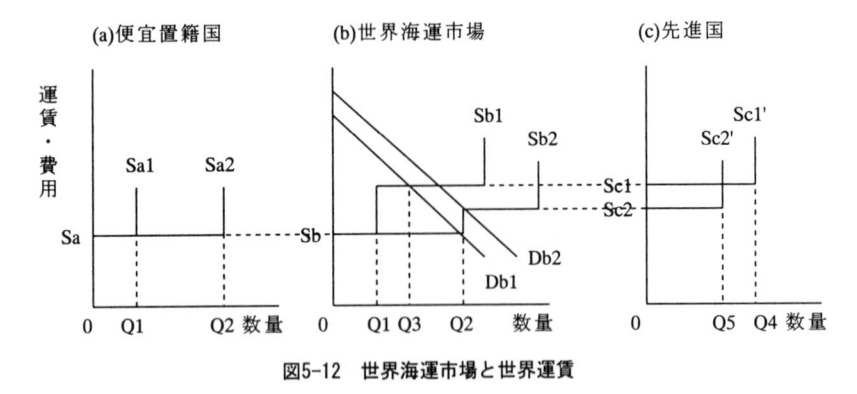

図5-12 世界海運市場と世界運賃

は数量 Q4 までは Sc1)とし，均衡運賃および均衡数量が市場合理性に基づいて決定されるとすれば，世界海運市場における均衡数量は Q3 となり，そのうち便宜置籍船が Q1 を輸送し，Q1Q3 を先進国船が輸送することになる。

そして，世界海運市場における需要の増大によって需要曲線が直線 Db2 にシフトし，同時に便宜置籍船が増加して便宜置籍国の供給曲線が直線 SaSa2，先進国の供給曲線が直線 Sc2Sc2' となったとすれば，世界海運市場における均衡数量は Q2 となり，そのすべてが便宜置籍船によって輸送されることになり，それは便宜置籍船の運賃が世界運賃となることを意味している。

このように，競争市場において運賃が安いという絶対的な運賃優位性を有する便宜置籍船がその数の増加とともに市場を次第に支配するようになり，このことが先進国において便宜置籍化を推進せざるをえない不可避的な要因となる。

【注】

1) また，海運保護政策の結果として途上国においてレンタルが上昇し，賃金が低下するのは以下のように説明される。

付図 5-1 は，横軸にレンタル，縦軸に賃金率を測り，途上国における農産品および海運の単位費用関数を描いたもので，単位費用関数とは要素価格が与えられたときの財(ここでは農産品と海運)1 単位当たりの費用(限界費用あるいは平均費用)を表しているとする。

いま，農産品生産部門の単位費用関数を曲線 CACA'，海運生産部門の単位費用関数を曲線 CS1CS1' とすれば，点 E1 で曲線 CACA' と接する直線 AA' の傾きは農産品生産部門における資本・労働投入比率を表し，直線 BB' の傾きは海運生産部門における資本・労

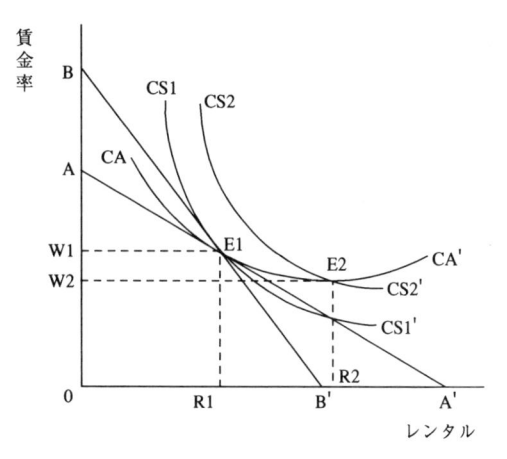

第5章 便宜置籍船と海運資本輸出の理論 115

付図 5-1 生産量の変化と単位費用関数

働投入比率を表すため，海運生産部門は農産品生産部門よりも資本集約的となる。そして，完全競争を想定すれば均衡点は点 E1 となり，賃金率は W1，レンタルは R1 となる。

さて，海運生産量の増加に伴って海運生産部門における単位費用曲線が右上方の曲線 CS2CS2'にシフトしたとすれば，均衡点は曲線 CACA'と曲線 CS2CS2'の交点 E2 に移動するため，賃金率は W1 から W2 に低下し，レンタルは R1 から R2 に上昇することになる。

2) 本章の図 5-3 において，海運生産量が線分 OS(の長さ)によって表されるのは，以下のように説明される。

付図 5-2 は，横軸に労働賦存量(投入量)，縦軸に資本賦存量(投入量)を測り，海運生産

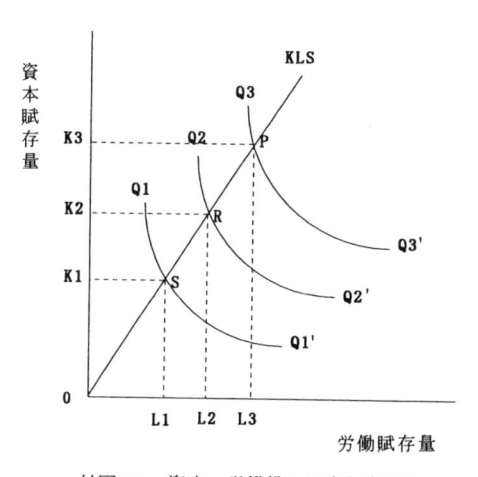

付図 5-2 資本・労働投入比率と産出量

における資本・労働投入比率(直線 OKLS)を描いたもので、曲線 QQ' は等産出量曲線を表し、生産技術は規模に関して収穫一定とする。いま、労働投入量を L1、資本投入量を K1 とすれば海運生産量は Q1Q1'(S)の水準となり、労働投入量を L2、資本投入量を K2 とすれば海運生産量は Q2Q2'(R)の水準となる。

そして、等産出量曲線は同じ量の生産物を産出しうる各生産要素の投入量の組み合わせを描いたもので、原点から離れるほど産出量が多く、固定的な資本・労働投入比率の下では産出量は原点からの距離によって測られるため労働投入量を L1、資本投入量を K1 とすれば海運生産量は OS(の長さ)となり、労働投入量を L2、資本投入量を K2 とすれば海運生産量は OR(の長さ)となる。

【参考文献】

今井賢一・宇沢弘文・小宮隆太郎・根岸隆・村上泰亮『価格理論Ⅰ』岩波書店、1971年。
伊藤元重・大山道広『国際貿易』岩波書店、1985年。
伊東正則・武野秀樹・土屋圭造編『ミクロ経済学要論』有斐閣双書、昭和61年。
小田正雄・鈴木克彦・井川一宏・阿部顕三『ベーシック国際経済学』有斐閣ブックス、1989年。
澤喜司郎『現代国際海運の諸問題』成山堂書店、1993年。

第6章　海運資本輸出と過剰資本の理論

6・1　海運資本輸出入の自由化の利益と分配効果

(1) 海運資本賦存量と資本の限界生産力

　海運資本の輸出入の自由化の利益を国際要素移動モデルによってみるために，まず資本の限界生産力についてみておこう。ただし，ここでは海運の国際取引が行われていない経済モデルを用いることにする。

　いま，海運資本豊富国である先進国と船員労働豊富国である途上国では，海運資本と船員労働という2つの生産要素と同一の生産技術をもちいて，国民所得(=海運)という共通の1財を生産しているとしよう。

　図6-1は，海運資本の限界生産力曲線を描いたもので，右側の縦軸には先進国海運資本の限界生産力，左側の縦軸には途上国海運資本の限界生産力が測られている。横軸は両国の海運資本賦存量を示し，先進国の海運資本賦存量はOHを起点として左へいくほど多くなり，途上国の海運資本賦存量はOFを起点として右へいくほど多くなるように測られている。また，先進国の海運資本賦存量をOHE，途上国の海運資本賦存量をOFE とし，ここではOHE>OFEと

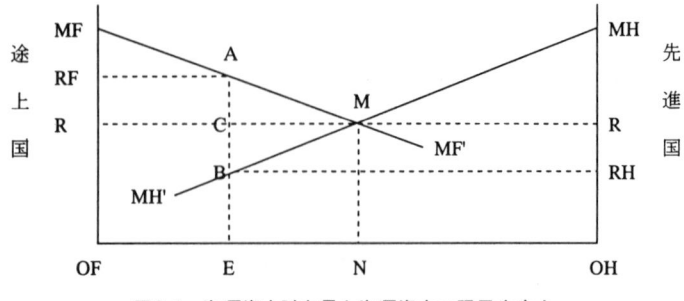

図6-1 海運資本賦存量と海運資本の限界生産力

なるように点Eが定められ，直線MHMH'が先進国海運資本の限界生産力曲線，直線MFMF'が途上国海運資本の限界生産力曲線を表しているものとする。

なお，資本の限界生産力は一定の労働賦存量と組み合わせて投入される資本の量が増加するに従って低下していくために，本来は右下がりの直線となるが，先進国の海運資本賦存量が点OHを起点として測られているために，先進国海運資本の限界生産力曲線は左下がりの直線となっている。

そして，先進国と途上国の両国における生産技術が規模に関して収穫一定とすると[1]，両国の海運資本の限界生産力は，資本・労働投入比率(資本投入量/労働投入量)のみによって決定され，また定義により両国の生産技術が同一であることから両国の資本・労働投入比率が等しいときに資本の限界生産力が両国間で等しくなり，それは先進国海運資本の限界生産力曲線と途上国海運資本の限界生産力曲線の交点Mで示される。したがって，点Mに対応する点Nより左にある点Eでは，先進国海運資本の限界生産力は途上国のそれよりも低くい。言い換えれば先進国の資本・労働投入比率が途上国のそれよりも高く，それは先進国では海運資本が相対的に過剰となっていることを表している。

(2) 海運資本の輸出入と資本の総生産量

先進国と途上国における海運資本輸出入の自由化の利益を，非自由化経済と自由化経済の比較によってみてみよう。

いま，先進国と途上国の国内経済がともに完全競争であるとすると，レンタ

ルは資本の限界生産力に等しいために[2]，図6-1の直線 MHMH' および直線 MFMF' は先進国と途上国の海運資本投下量とレンタルの関係を示し，海運資本の輸出入が自由化されていない場合には RH が先進国のレンタル，RF が途上国のレンタルとなり，海運資本豊富国である先進国のレンタルは船員労働豊富国である途上国のレンタルよりも低くなる。

この時，点 E を通る垂線と直線 MHMH' および直線 MFMF' の交点をそれぞれ B，A とすれば，限界生産力の定義により四角形 MHOHEB の面積が先進国の船員労働賦存量と結合して生産に投入された先進国海運資本の総生産量つまり先進国の国民所得となり，同様に四角形 MFOFEA の面積が途上国の国民所得となる。

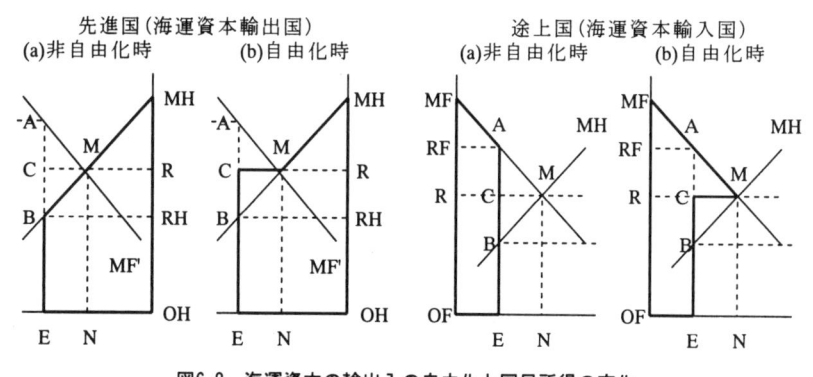

図6-2 海運資本の輸出入の自由化と国民所得の変化

さて，先進国と途上国の間で海運資本の輸出入が完全自由化されれば，海運資本所有者はレンタルが世界中で最も高いところへ資本を貸そうとするため，ここでは先進国から途上国へ海運資本が輸出され，その結果，先進国で使用される海運資本量は点 E から右へシフトし，途上国で使用される海運資本量はその分だけ増加することになる。これは，両国の政府による規制がなく自由放任されていれば，両国のレンタルが等しくなるまで(ここでは両国の海運資本の限界生産力曲線の交点 M に対応する N まで)続き，結果として，先進国の海運資本賦存量 OHE のうち OHN が国内で使用され，NE が途上国に輸出される

ため，途上国の海運資本賦存量は OFN(OFE+NE)となる。

　そして，点 A と点 B を結ぶ直線と海運資本の輸出入が自由化された後の両国共通のレンタルを表す直線 RR の交点を C とすれば，図 6-2 に示されるように，海運資本の輸出入が完全自由化された後には先進国の国民所得は国内生産(四角形 MHOHNM の面積)と対外投資収益(長方形 MNEC の面積)を合わせた五角形 MHOHECM の面積となり，海運資本が輸出される以前の国民所得に比較して三角形 MBC の面積分増加する。他方，途上国の国民所得は国内生産(四角形 MFOFNM の面積)から投資収益送金分(長方形 MNEC の面積)を引いた五角形 MFOFECM の面積となり，海運資本が輸入される以前の国民所得に比較して三角形 AMC の面積分増加する。

　このように，先進国および途上国の国民所得は海運資本の輸出入の完全自由化によって両国の海運資本が効率的に利用されることになるために，ともに増加することになる。

(3) 海運資本の輸出入と国内分配

　国民所得は，海運資本所得と船員労働所得に分けられ，ここでは海運資本の輸出入の完全自由化が先進国および途上国の国内分配に及ぼす影響つまり海運資本所得と船員労働所得の変化についてみてみよう。

　海運資本が輸出される以前の先進国における国民所得は台形 MHOHEB の面積に等しく，このうち海運資本所得は図 6-3 に示されるように，資本使用量 OHE とレンタル RH の積で表される長方形 RHOHEB の面積となり，船員労働所得は規模に関して収穫一定の生産技術の下では生産物は各生産要素の限界生産力に応じて完全に分配されるために，国民所得から海運資本所得を差し引いた残りの面積つまり三角形 MHRHB の面積となる。[3]

　海運資本が輸出された後の先進国の国民所得は五角形 MHOHECM の面積に等しく，このうち海運資本所得は国内投資収益(長方形 ROHNM の面積)と対外投資収益(長方形 MNEC の面積)を合わせた長方形 ROHEC の面積となり，船員

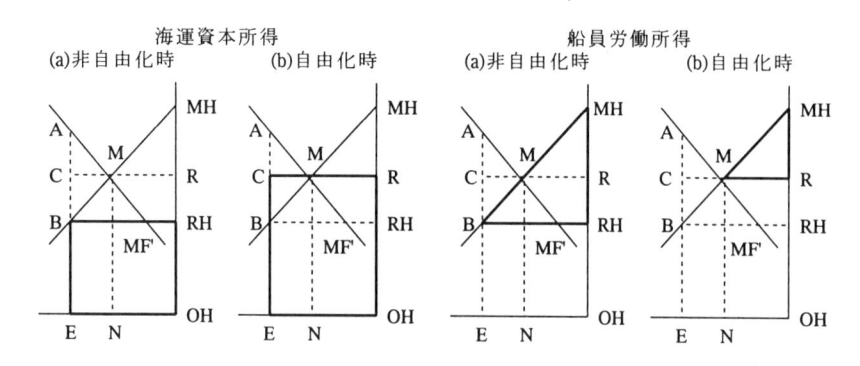

第6章　海運資本輸出と過剰資本の理論　*121*

海運資本所得　　　　　　　船員労働所得
(a)非自由化時　(b)自由化時　(a)非自由化時　(b)自由化時

図6-3　海運資本輸出と輸出国における国内分配

労働所得は三角形 MHRM の面積となる。したがって，海運資本所得は長方形 RRHBC の面積分増加し，船員労働所得は台形 RRHBM の面積分減少することになるが，これは海運資本が途上国へ輸出されたために先進国における海運資本の限界生産力が上昇し，船員労働の限界生産力が低下するからである。

他方，海運資本が輸入される以前の途上国における国民所得は台形 MFOFEA の面積に等しく，このうち海運資本所得が長方形 RFOFEA の面積，船員労働所得が三角形 MFRFA の面積となる。海運資本が輸入された後の途上国の国民所得は五角形 MFOFECM の面積に等しく，このうち海運資本所得が長方形 ROFEC の面積，船員労働所得が三角形 MFRM の面積となる。したがって，図

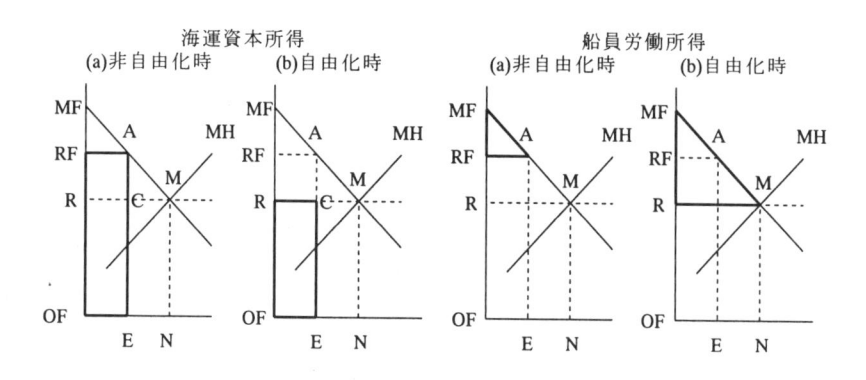

海運資本所得　　　　　　　船員労働所得
(a)非自由化時　(b)自由化時　(a)非自由化時　(b)自由化時

図6-4　海運資本輸入と輸入国における国内分配

6-4 に示されるように，海運資本所得は長方形 RFRCA の面積分減少し，船員労働所得は台形 RFRMA の面積分増加することになるが，これは先進国から海運資本が輸入されたために途上国における海運資本の限界生産力が低下し，船員労働の限界生産力が上昇するからである。

このように，海運資本の輸出入が行われた場合には，先進国の国内分配においては豊富要素である海運資本にとって有利となるが，希少要素である船員労働にとっては不利となる。逆に，途上国の国内分配においては豊富要素である船員労働にとって有利となるが，希少要素である海運資本にとって不利となる。

そのため，一般に先進国においては海運資本が過剰であるにもかかわらず船員は海運資本の輸出に反対し，その規制を求めるのはこれによって説明される。

6・2 海運資本輸出の規制効果

(1) 海運資本輸出量の量的制限政策の効果

先進国における海運資本の輸出規制には量的制限政策と課税政策があり，量的制限政策は海運資本輸出量の上限を定めてそれ以上の海運資本の輸出を禁止するという政策である。ここでは，まず先進国政府が海運資本輸出を量的に規制した場合の効果についてみてみよう。

いま，海運資本豊富国である先進国と船員労働豊富国である途上国の両国は，資本と労働という2つの生産要素と規模に関して収穫一定の同一の生産技術をもちいて国民所得(=海運)という共通の1財を生産しているとする。

図 6-5 は，海運資本の限界生産力曲線を描いたもので，右側の縦軸には先進国海運資本の限界生産力，左側の縦軸には途上国海運資本の限界生産力が測られている。横軸は両国の海運資本賦存量を示し，先進国の海運資本賦存量を OHE，途上国の海運資本賦存量を OFE とし，ここでは OHE>OFE となるように点 E が定められ，また直線 MHMH' が先進国海運資本の限界生産力曲線，直線

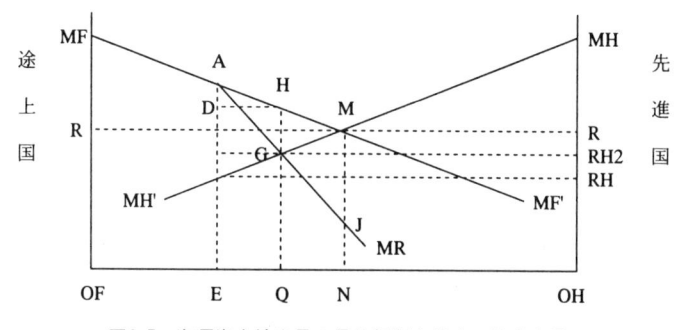

第6章 海運資本輸出と過剰資本の理論　*123*

図6-5　海運資本輸出量の量的規制と資本の総生産量

MFMF' が途上国海運資本の限界生産力曲線を表しているものとする。

　そして，先進国と途上国の国内経済がともに完全競争であるとすれば，両国の政府による規制がなく海運資本が自由に輸出されているときの先進国の海運資本輸出量は NE であり，そのときの両国共通のレンタルは R となる。いま，先進国政府が海運資本の輸出枠を NE 間の点 Q に設定したとすれば，海運資本輸出量は QE，国内での海運資本使用量は OHQ となって，このとき先進国内でのレンタルは RH2 となる。

　さて，先進国においては海運資本が途上国に輸出されると国内生産が減少するため，直線 MHMH' は海運資本輸出における限界費用曲線(供給曲線)となり，また直線 MFMF' は先進国の投資収益を表すために海運資本輸出における平均収入曲線(需要曲線)となる。いま，海運資本輸出の限界収入曲線を直線 AMR とすれば，海運資本輸出によって利潤を極大化する場合の海運資本輸出量は QE となる。なぜなら，直線 MHMH' と直線 MFMF' の交点を M，点 M と点 N を結ぶ直線と直線 AMR の交点を J，直線 MHMH' と直線 AMR の交点を G とすると，海運資本輸出量を QE から NE に増加すれば，費用の増分が四角形 QGMN であるのに対して，収入の増分が四角形 QGJN となり，三角形 GMJ の面積が赤字となるからである。

　この時，先進国の国民所得は国内生産(四角形 MHOHQG の面積)と対外投資収益(長方形 HQED の面積)を合わせた六角形 MHOHEDHG の面積に等しく，

それは海運資本の輸出入の自由放任政策(海運資本輸出量が NE の場合)の下での国民所得より大きく，そのため海運資本輸出量 QE が最適輸出量となる。

(2) 対外投資収益に対する課税政策の効果

先進国政府が海運資本輸出を量的に規制する代わりに，国内投資収益には課税せず，対外投資収益にのみ課税するという政策を採用した場合の効果についてみてみよう。

図 6-6 は，図 6-5 と同様に先進国と途上国における海運資本の限界生産力曲線を描いたもので，いま先進国政府が NQ 分の対外投下資本を本国に還流させるために対外投資収益に対して GH/QH の税率で課税したとしよう。ただし，途上国での課税はないものとする。この時，直線 MFMF' と点 Q を通る垂線の交点を H，直線 MHMH' と直線 AMR の交点を G とし，この税率のもとでの海運資本の輸出量を QE とすれば，途上国のレンタルが QH，先進国のレンタルが QG，税額が GH となり，ここに対外投資の税引後収益(QH-GH)=自国のレンタル(QG)という内外投資収益手取り額の均衡条件が成立するため，これ以上に海運資本輸出が増加することも減少することもない。

そして，点 H から横軸に平行に引かれた直線と点 E を通る垂線の交点を D，点 G から横軸に平行に引かれた直線と点 E を通る垂線の交点を F とすれば，対外投資収益に課税することによって先進国政府の税収入は長方形 HGFD の

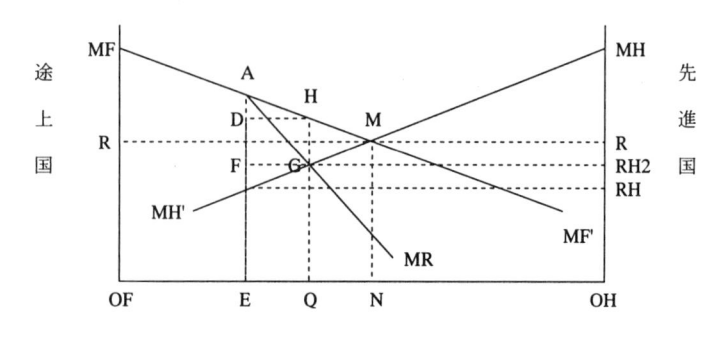

図6-6 投資収益に対する課税と資本の総生産量

面積に等しく，海運資本家の手取り対外投資収益は長方形 GQEF の面積に等しいため，対外投資収益の総額は長方形 HQED の面積となる。また，先進国の国内に投下された海運資本量 OHQ が産出する国内生産(四角形 MHOHQG の面積)と対外投資収益の総額(長方形 HQED の面積)を合わせた国民所得は六角形 MHOHEDHG の面積となり，これは先進国政府が海運資本輸出を量的に QE に設定した場合の国民所得に等しい。さらに，この時には海運資本輸出の限界収入と限界費用が等しいため，独占理論によれば先進国の国民所得をこれ以上に増加することはできない。

したがって，図 6-7 に示されるように，先進国政府が対外投資収益に対する課税政策によって海運資本輸出を規制しても，海運資本輸出を量的に規制しても，いずれの場合も先進国の国民所得の大きさは同じであり，そのため国民所得から見た場合の海運資本輸出規制の効果には

　　　　量的制限政策＝課税政策＞自由放任政策＞非自由化政策

というランキングが成り立つ。

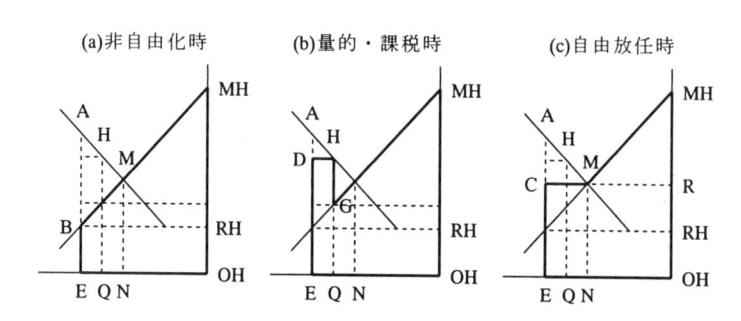

図6-7　海運資本輸出規制と国民所得

(3) 海運資本輸出規制と国内分配

海運資本輸出の量的制限政策と対外投資収益に対する課税政策が，先進国の国内分配に及ぼす影響について検討しておこう。

海運資本所得は，図 6-8 に示されるように，量的制限政策の場合には国内投

資収益(長方形 RH2OHQG の面積)と対外投資収益(長方形 HQED の面積)を合わせた六角形 RH2OHEDHG の面積となり，課税政策の場合には国内投資収益(長方形 RH2OHQG の面積)と手取り対外投資収益(長方形 GQEF の面積)を合わせた長方形 RH2OHEF の面積となるため，海運資本所得は量的制限政策の方が長方形 HGFD の面積分(つまり先進国政府の税収入分)大きい。

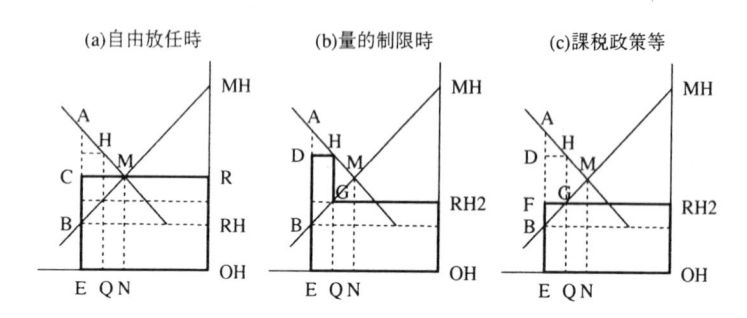

図6-8　海運資本輸出規制と海運資本所得

また，海運資本輸出が自由放任されている場合の海運資本所得は，長方形 ROHEC の面積に等しく，それは海運資本輸出量の量的制限政策の場合よりも大きい。

したがって，海運資本から見た場合の海運資本輸出規制の効果には

　　自由放任政策>量的制限政策>課税政策>非自由化政策

というランキングが成り立つ。

他方，船員労働所得は図 6-9 に示されるように，量的制限政策の場合においても課税政策の場合においても，いずれも三角形 MHRH2G の面積に等しく，それは海運資本輸出が自由化されていない場合よりも台形 RH2RHBG の面積分小さく，海運資本輸出が自由放任されている場合よりも台形 RRH2GM の面積分大きい。

したがって，船員労働から見た場合の海運資本輸出規制の効果には

　　非自由化政策>課税政策=量的制限政策>自由放任政策

というランキングが成り立ち，仮に課税政策において得られた先進国政府の税

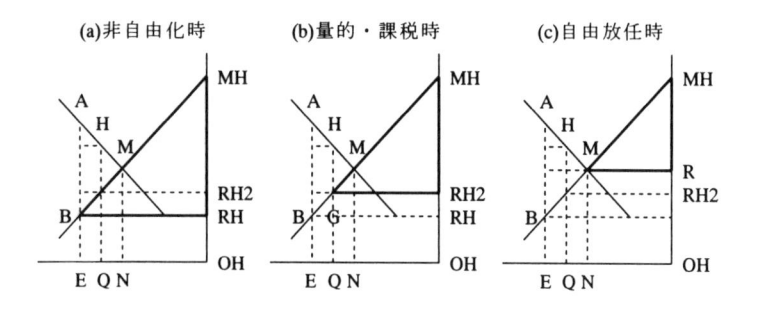

図6-9 海運資本輸出規制と船員労働所得

収入が船員に均等に分配されるとするならば

　　　　非自由化＞課税政策＞量的制限政策＞自由放任政策

というランキングが成り立つ。

6・3　海運資本輸出の所得分配効果

(1) 海運資本輸出国における特殊的生産要素と資本の限界生産力曲線

　生産要素の中には産業部門間を移動可能なものもあれば，移動不可能なものもあり，ここでは海運資本と船員労働を移動不可能な特殊的生産要素として海運資本輸出による所得分配効果についてみてみよう。

　いま，閉鎖経済下にある資本豊富国である先進国は完全競争の下で資本と労働という特殊的生産要素をもちいて労働集約財である農産品と資本集約財である海運という2財を生産しているとする。

　図6-10は，その先進国における資本の限界生産力曲線を描いたもので，右側の縦軸には海運生産部門における資本の限界生産力，左側の縦軸には農産品生産部門における資本の限界生産力が測られている。横軸は先進国の資本賦存

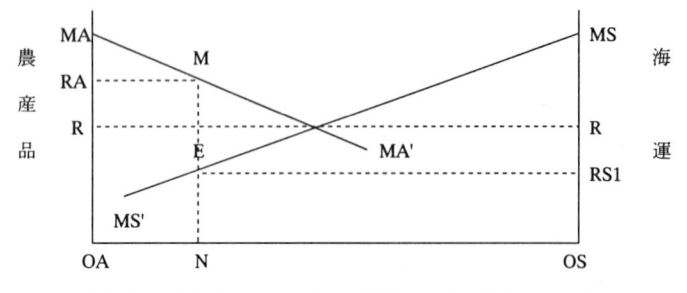

図6-10 先進国における資本の限界生産力曲線と国内分配

量を示し，海運生産部門の資本賦存量を OSN，農産品生産部門の資本賦存量を OAN とし，ここでは OAN<OSN となるように点 N が定められ，また直線 MSMS' が海運生産部門における資本の限界生産力曲線，直線 MAMA' が農産品生産部門における資本の限界生産力曲線を表しているものとする。

そして，資本と労働を特殊的生産要素とするためレンタルは農産品生産部門では RA，海運生産部門では RS1 となり，資本集約財である海運の生産部門のレンタルは労働集約財である農産品の生産部門よりも低く，それは海運生産部門では資本が相対的に過剰となっていることを表している。なお，資本が一般的な生産要素であり，産業部門間を移動可能ならば海運生産部門と農産品生産部門に共通のレンタルは R となり，海運生産部門において資本が相対的に過剰となることはない。

この時，点 N を通る垂線と直線 MAMA' の交点を M，直線 MSMS' との交点を E とすれば，農産品生産部門における国内生産は四角形 MAOANM の面積となり，このうち農業資本所得は長方形 RAOANM の面積，農業労働所得は三角形 MARAM の面積となる。他方，海運生産部門における国内生産は四角形 MSOSNE の面積となり，このうち海運資本所得は長方形 RS1OSNE の面積，船員労働所得は三角形 MSRS1E の面積となり，したがって閉鎖経済下での先進国の両部門における資本所得と労働所得からなる国民所得は六角形 MAOAOSMSEM の面積となる。

なお，直線 MSMS' が海運生産部門における資本の限界価値生産力曲線(資本

の限界生産力に生産物の価格を乗じたもの),直線 MAMA' が農産品生産部門における資本の限界価値生産力曲線を表し,農産品生産部門における労働賦存量を OAL,海運生産部門における船員労働賦存量を OSL とすれば,農産品生産部門における賃率は MARAM/OAL,船員の賃率は MSRS1E/OSL となる。

(2) 海運資本輸出と所得分配効果

海運資本と船員労働を特殊的生産要素としたときの,先進国における海運資本輸出の完全自由化の利益と国内分配についてみてみよう。

図 6-11 は図 6-10 と同様に,先進国における資本の限界生産力曲線を描いたもので,いま途上国に OSOSK の海運資本が自由放任型で輸出され,先進国では海運資本賦存量が OSKN に減少し,海運生産部門における資本の限界生産力曲線が直線 MSMS' と平行な直線 MSKMSK' になったとしよう。

この時,点 N を通る垂線と直線 MSMS' の交点を E,直線 MSKMSK' の交点を F,点 F から横軸に平行に引かれた直線と直線 MAMA' との交点を H,点 H を通る垂線と横軸の交点を I とすれば,農産品生産部門におけるレンタルや国内生産,その所得分配には変化はないが,海運生産部門においてはレンタルが R(=RK)に上昇し,四角形 MSOSIH と四角形 MSKOSKNF を合同(つまり OSOSK=IN)とすれば,国内生産は海運資本が輸出される以前の四角形 MSOSNE の面積から輸出後には四角形 MSKOSKNF の面積へと四角形 HINE の面積分減少する。

そして,海運資本の輸出後の国内での海運資本所得は長方形 RKOSKNF の面積に等しく,長方形 ROSOSKRK(=長方形 HINF)は前述のように対外投資収益として途上国から送金されてくるために,両者を合わせた先進国の海運資本所得は長方形 ROSNF の面積となり,海運資本が輸出される以前と比較して長方形 RRS1EF の面積分増加し,他方,船員労働所得は海運資本が輸出された後には三角形 MSKRKF の面積へと輸出前と比較して台形 RRS1EH の面積分減少する。したがって,海運生産部門において国民所得が三角形 HEF の面積増

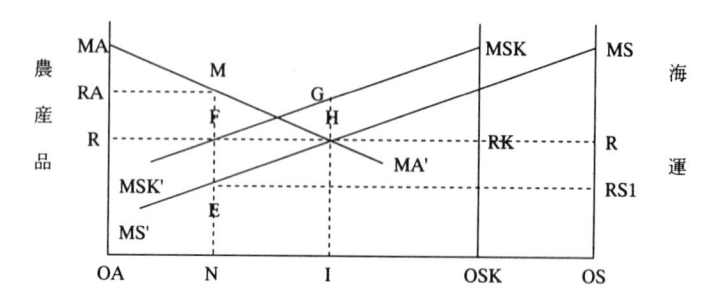

図6-11 先進国における海運資本の輸出と所得分配効果

加するため，海運資本を輸出することによって先進国は国民所得を増加することができる。[4]

なお，農産品生産部門における賃率は変化しないが，直線 MSKMSK' が海運生産部門における資本の限界価値生産力曲線を表し，海運生産部門における船員労働賦存量を OSL とすれば，船員の賃率は海運資本が輸出される以前の MSRS1E/OSL から輸出後には MSKRKF/OSL へと低下することになる。つまり，船員労働も特殊的生産要素であるとの定義により，資本が輸出された海運生産部門においては船員の賃率が低下するため船員労働所得が減少することになる。

(3) 海運資本輸入国における特殊的生産要素と資本の限界価値生産力曲線

資本と労働を特殊的生産要素としたときの途上国における海運資本の輸入による所得分配についてみてみよう。

いま，閉鎖経済下にある資本希少国である途上国は完全競争の下で資本と労働という特殊的生産要素をもちいて労働集約財である農産品と資本集約財である海運という2財を生産しているとする。

図 6-12 は，その途上国における資本の限界生産力曲線を描いたもので，右側の縦軸には海運生産部門における資本の限界生産力，左側の縦軸には農産品生産部門における資本の限界生産力が測られている。横軸は途上国の資本賦存

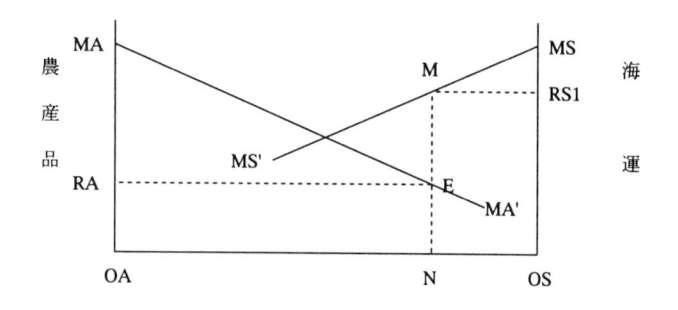

第6章　海運資本輸出と過剰資本の理論　*131*

図6-12　途上国における資本の限界生産力曲線と国内分配

量を示し，海運生産部門の資本賦存量を OSN，農産品生産部門の資本賦存量を OAN とし，ここでは OAN>OSN となるように点 N が定められている。

また，直線 MSMS' が海運生産部門における資本の限界生産力曲線，直線 MAMA' が農産品生産部門における資本の限界生産力曲線を表しているものとすれば，資本と労働を特殊的生産要素とするためレンタルは農産品生産部門では RA，海運生産部門では RS1 となり，海運生産部門のレンタルは農産品生産部門よりも高くなる。

この時，点 N を通る垂線と直線 MSMS' の交点を M，直線 MAMA' との交点を E とすれば，農産品生産部門における国内生産は台形 MAOANE の面積となり，このうち農業資本所得は長方形 RAOANE の面積，農業労働所得は三角形 MARAE の面積となる。他方，海運生産部門における国内生産は四角形 MSOSNM の面積となり，このうち海運資本所得は長方形 RS1OSNM の面積，船員労働所得は三角形 MSRS1M の面積となり，閉鎖経済下での途上国の両部門における資本所得と労働所得からなる国民所得は六角形 MAOAOSMSME の面積となる。

なお，直線 MSMS' が海運生産部門における資本の限界価値生産力曲線，直線 MAMA' が農産品生産部門における資本の限界価値生産力曲線を表し，農産品生産部門における労働賦存量を OAL，海運生産部門における船員労働賦存

量を OSL すとすれば，農産品の生産部門における賃率 MARAE/OAL，船員の賃率は MSRS1M/OSL となる。

(4) 海運資本輸入と所得分配効果

資本と労働を特殊的生産要素としたときの途上国における海運資本の輸入の完全自由化の利益と国内分配についてみてみよう。

図 6-13 は，図 6-12 と同様に途上国における資本の限界生産力曲線を描いたもので，いま海運生産部門に OSKOS の資本が自由放任型で先進国から輸入され，途上国では海運資本賦存量が OSKN に増加し，海運生産部門における資本の限界生産力曲線が直線 MSMS' と平行な直線 MSKMSK' になったとしよう。

この時，点 N を通る垂線と直線 MSMS' の交点を M，直線 MSKMSK' との交点を G，点 M から横軸に平行に引かれた直線と直線 MSKMSK' の交点を H，点 H を通る垂線と横軸の交点を J，点 G から横軸に平行に引かれた直線と点 J を通る垂線の交点を I，点 OS を通る垂線との交点を F とすれば，農産品生産部門におけるレンタルや国内生産，その所得分配には変化はないが，海運生産部門においてはレンタルが RS2 に低下し，四角形 MSOSNM と四角形 MSKOSKJH を合同(つまり OSKOS=JN)とすれば，国内生産は海運資本が輸入される以前の四角形 MSOSNM の面積から輸入後には四角形 MSKOSKNG の面積へと四角形 HJNG の面積分増加する。

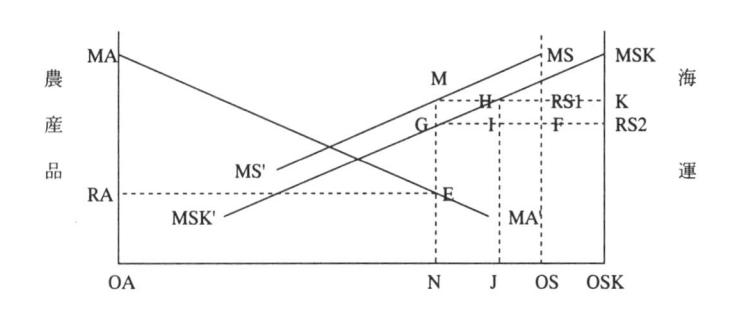

図6-13 途上国における海運資本の輸入と所得分配効果

そして，海運資本の輸入後の海運資本所得は長方形 RS2OSKNG の面積に等しいが，長方形 RS2OSKOSF(=長方形 IJNG)は対外投資収益として先進国に送金されるため途上国の海運資本所得は長方形 FOSNG の面積となり，海運資本が輸入される以前と比較して長方形 RS1FGM の面積分減少し，他方，船員労働所得は海運資本が輸入された後には三角形 MSKRS2G の面積へと輸入前と比較して台形 KRS2GH の面積分増加する。したがって，海運生産部門において国民所得が三角形 HIG の面積分増加し，海運資本を輸入することによって途上国は国民所得を増加することができる。

なお，農産品生産部門における賃率は変化しないが，直線 MSKMSK' が海運生産部門における資本の限界価値生産力曲線を表し，海運生産部門における船員労働賦存量を OSL とすれば，船員の賃率は海運資本が輸入される以前の MSRS1M/OSL から輸入後には MSKRS2G/OSL へと上昇することになる。つまり，船員労働も特殊的生産要素であるとの定義により，資本が輸入された海運生産部門においては船員の賃率が上昇するため船員労働所得が増加することになる。

【注】

1）生産関数における各々の要素投入量を一定の比率で増加したとき，産出量がどのように増加するかを示すものが規模に関する収穫であり，それは

   amQ=f(aL, Ak)

と表され，m が 1 に等しければ規模に関して収穫不変，m が 1 より大であれば規模に関

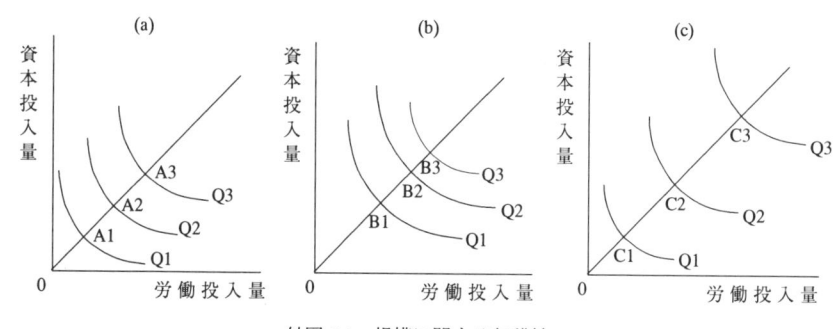

付図 6-1　規模に関する収穫性

して収穫逓増，m が 1 より小であれば規模に関して収穫逓減であるという。また，上の式のような関数を m 次同次の関数とよび，m が 1 であるような関数を 1 次同次とよぶ。規模に関する収穫性の 3 つを図に描いたものが付図 6-1 であり，(a)は OA1=A1A2=A2A3 で，規模に関して収穫不変であり，(b)は OB1>B1B2>B2B3 で，規模に関して収穫逓増であり，(c)は OC1<C1C2<C2C3 で，規模に関して収穫逓減を示している。

2) 付図 6-2 は，横軸に労働投入量(L)，縦軸に資本投入量(K)を測り，等産出量曲線(曲線 Q1 および曲線 Q2)を描いたものである。

いま，点 A の資本の投入を△K だけ減少すると生産量は点 C の等産出量曲線 Q2 に減少し，この減少分は△K とその時の資本の限界生産力 MPK の積として表され，同様に点 C の労働の投入を△L だけ増加すると生産量は点 B の等産出量曲線 Q1 に増加(回復)し，その増加分は△L とその時の労働の限界生産力 MPL の積として表される。したがって，点 A から点 B への移動は点 A から点 C への産出量の減少と，点 C から点 B への産出量の回復と考えることができるため

$$MPK \cdot \triangle K + MPL \cdot \triangle L = 0$$

となり，これを変形すれば

$$-\triangle K/\triangle L = MPL/MPK \quad \cdots\cdots\cdots\cdots (1)$$

となる。この式は技術的限界代替率($-\triangle K/\triangle L$)が限界生産力の比率に等しいことを意味している。

また，付図 6-3 は横軸に労働投入量(L)，縦軸に資本投入量(K)を測り，等費用線(直線 T1T1' および直線 T2T2')を描いたものである。

いま，点 A の資本の投入を△K だけ減少すると総費用は点 C の等費用線 T2T2' に減少し，この減少分は△K と資本の価格 PK の積として表され，同様に点 C の労働の投入を△L だけ増加すると総費用は点 B の等費用線 T1T1' に増加し，その増加分は△L と労働の価格 PL の積として表される。

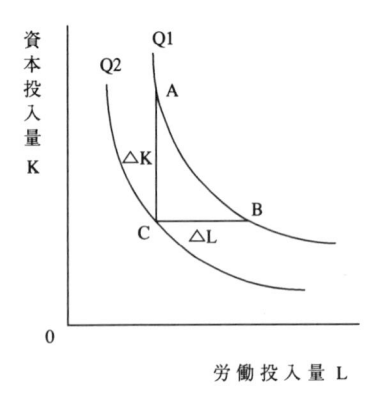

付図 6-2　技術的限界代替率

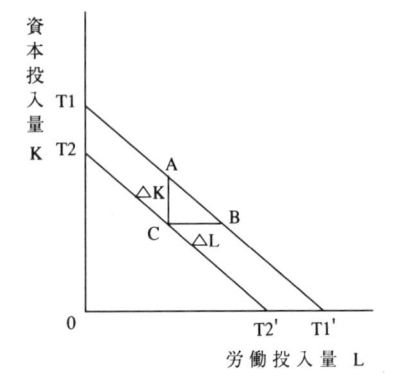

付図 6-3　等費用線

したがって，点Aから点Bへの移動は点Aから点Cへの総費用の減少と，点Cから点Bへの総費用の増加と考えることができるために

$$PK \cdot \triangle K + PL \cdot \triangle L = 0$$

となり，これを変形すれば

$$-\triangle K/\triangle L = PL/PK \qquad \cdots\cdots\cdots\cdots(2)$$

となる。

したがって，式(1)および式(2)より

$$-\triangle K/\triangle L = MPL/MPK = PL/PK$$

となり，資本の価格はその限界生産力に等しくなる。

3) 規模に関して収穫一定の生産技術の下では生産物が各生産要素の限界生産力に応じて完全に分配されることは，以下のように説明される。

いま，海運生産量をY，労働量をL，資本量をKとおき，生産関数として

$$Y = F(L, K)$$

を想定し，この生産関数が1次同次つまり規模に関して収穫一定とすれば，オイラーの定理より

$$Y = \frac{\partial Y}{\partial L} L + \frac{\partial Y}{\partial K} K$$

となり，海運の価格(運賃)をPとし，これを両辺に乗ずれば

$$PY = P\frac{\partial Y}{\partial L} L + P\frac{\partial Y}{\partial K} K$$

となる。そして，労働の価格(賃金)をW，資本のレンタルをRとすれば，利潤極大の均衡条件(利潤極大化行動)から

$$W = \frac{\partial Y}{\partial L} P, \quad R = \frac{\partial Y}{\partial K} P$$

であり，これを前式に代入すれば

$$PY = WL + RK$$

が成立する。

つまり，これは海運生産量の価値が労働所得(WL)と資本所得(RK)に過不足なく，完全に分配されていることを表している。

4) 海運資本の輸出入が自由化されている時には，資本を特殊的生産要素としても国民所得は増大したが，海運資本に限らず生産要素の産業部門間の移動が不可能な場合には可能な場合と比較して，国民所得が減少することは以下のように説明される。

いま，閉鎖経済下にある先進国は完全競争の下で資本と労働をもちいて農産品と海運という2財を生産しているとしよう。付図6-4は資本の限界生産力曲線を描いたもので，右側の縦軸には海運生産部門における資本の限界生産力，左側の縦軸には農産品生産部門における資本の限界生産力が測られている。横軸は資本賦存量を示し，海運生産部門の資本賦存量をOSN，農産品生産部門の資本賦存量をOANとし，ここではOAN<OSN

となるように点Nが定められ，また直線MSMS'が海運生産部門における資本の限界生産力曲線，直線MAMA'が農産品生産部門における資本の限界生産力曲線を表しているものとする。

そして，資本を特殊的生産要素とするためレンタルは農産品生産部門ではRA，海運生産部門ではRS1となり，点Nを通る垂線と直線MAMA'の交点をM，直線MSMS'との交点をEとすれば，このとき農産品生産部門における国内生産は四角形MAOANMの面積，海運生産部門における国内生産は四角形MSOSNEの面積となり，したがって両部門における国内生産を合わせた国民所得は六角形MAOAOSMSEMの面積となる。

他方，資本を産業部門間の移動が可能な一般的な生産要素とすれば，レンタルは両生産部門で共通のRとなり，直線MAMA'と直線MSMS'の交点をH，点Hに対応する横軸上の点をQとすれば，このとき農産品生産部門における国内生産は四角形MAOAQHの面積，海運生産部門における国内生産は四角形MSOSQHの面積となり，国民所得は五角形MAOAOSMSHの面積となる。したがって，資本を特殊的生産要素とした場合には，一般的生産要素とした場合と比較して国民所得は三角形MHEの面積少なく，これは資本の輸出入が自由化されていないのと同じことである。

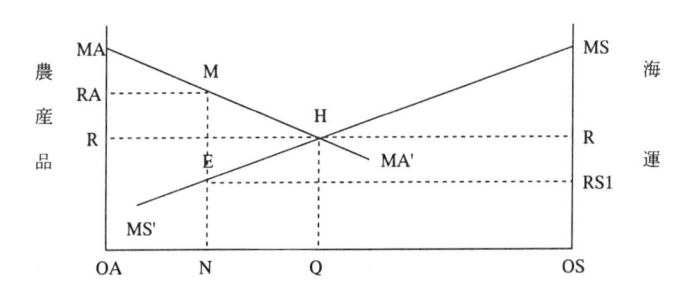

付図6-4　特殊的生産要素と国民所得

【参考文献】

今井賢一・宇沢弘文・小宮隆太郎・根岸隆・村上泰亮『価格理論Ⅰ』岩波書店，1971年。
伊藤元重・大山道広『国際貿易』岩波書店，1985年。
伊東正則・武野秀樹・土屋圭造編『ミクロ経済学要論』有斐閣双書，昭和61年。
小田正雄・鈴木克彦・井川一宏・阿部顕三『ベーシック国際経済学』有斐閣ブックス，1989年。
澤喜司郎『現代国際海運の諸問題』成山堂書店，1993年。

第7章　外国人船員雇用の理論

7・1　外国人船員の雇用自由化の利益と分配効果

(1) 船員労働賦存量と労働の限界生産力

　先進国における途上国船員の雇用の自由化の利益を国際要素移動モデルによってみてみよう。ただし，ここでの途上国船員の雇用の自由化とは基本的には短期移民(海外出稼ぎ)での国際移動の自由化をいうものとする。

　いま，海運資本豊富国である先進国と船員労働豊富国である途上国の両国は，海運資本と船員労働という2つの生産要素と同一の生産技術をもちいて国民所得(=海運)という共通の1財を生産し，両国間では海運の国際取引と海運資本の輸出入が禁止され，代わりに船員の国際移動が完全自由化されているとしよう。

　図7-1は船員労働の限界生産力曲線を描いたもので，右側の縦軸には先進国船員労働の限界生産力，左側の縦軸には途上国船員労働の限界生産力が測られている。横軸は両国の船員労働賦存量を示し，先進国の船員労働賦存量は OH

を起点として左へいくほど多くなり，途上国の船員労働賦存量は OF を起点として右へいくほど多くなるように測られている。先進国の船員労働賦存量を OHE，途上国の船員労働賦存量を OFE とし，ここでは OHE<OFE となるように点 E が定められ，また直線 MHMH' が先進国船員労働の限界生産力曲線，直線 MFMF' が途上国船員労働の限界生産力曲線を表しているものとする。

なお，船員労働の限界生産力は一定の海運資本量と組み合わせて投入される船員労働の量が増加するに従って低下していくために，本来は右下がりの曲線となるが，先進国の船員労働賦存量が点 OH を起点として測られているため，先進国船員労働の限界生産力曲線は左下がりの曲線となっている。[1]

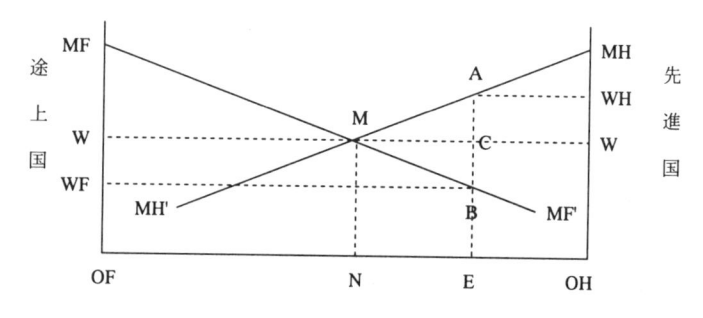

図7-1　船員労働賦存量と船員労働の限界生産力

そして，先進国と途上国の両国の生産技術が規模に関して収穫一定とすると，両国の船員労働の限界生産力は労働・資本投入比率（労働投入量/資本投入量）のみによって決定され，また定義により両国の生産技術が同一であることから両国の労働・資本投入比率が等しいときに船員労働の限界生産力が両国間で等しくなり，それは先進国船員労働の限界生産力曲線と途上国船員労働の限界生産力曲線の交点 M で示される。したがって，点 M に対応する点 N より右にある点 E では先進国船員労働の限界生産力が途上国のそれよりも高く，言い換えれば先進国の労働・資本投入比率が途上国のそれよりも低くなり，それは先進国では船員労働が相対的に不足していることを表している。

(2) 外国人船員の雇用と船員労働の総生産量

外国人船員の雇用の完全自由化の利益を非自由化経済と自由化経済の比較によってみてみよう。

いま,先進国と途上国の国内経済がともに完全競争であるとすると,船員賃金は船員労働の限界生産力に等しいために,図 7-1 の直線 MHMH' および直線 MFMF' は先進国と途上国の船員労働投下量と船員賃金の関係を示し,外国人船員の雇用が自由化されていない場合には WH が先進国船員の賃金,WF が途上国船員の賃金となり,海運資本豊富国である先進国の船員賃金は船員労働豊富国である途上国の船員賃金よりも高くなる。

この時,点 E を通る垂線と直線 MHMH' および直線 MFMF' との交点をそれぞれ A,B とすれば,限界生産力の定義により四角形 MHOHEA の面積が先進国の海運資本賦存量と結合して生産に投入された先進国船員労働の総生産量つまり国民所得となり,同様に四角形 MFOFEB の面積が途上国の国民所得となる。

さて,先進国と途上国の間で外国人船員の雇用が完全自由化されれば,船員は賃金が世界中で最も高いところへ出稼ぎに行こうとするため,ここでは先進国に途上国船員が流入し,その結果,先進国で使用される船員労働量は点 E から左へシフトし,途上国で使用される船員労働量はその分だけ減少することになる。これは,両国の政府による規制がなく自由放任されていれば,両国の船員賃金が等しくなるまで(ここでは両国の船員労働の限界生産力曲線の交点 M に対応する N まで)続き,結果として途上国の船員労働賦存量 OFE のうち OFN が国内で使用され,NE が先進国に出稼ぎに行くため先進国の船員労働賦存量は OHN(OHE+NE)となる。

そして,点 A と点 B を結ぶ直線と,外国人船員の雇用が自由化された後の両国共通の船員賃金を表す直線 WW の交点を C とすれば,図 7-2 に示されるように,途上国船員が雇用された後には,先進国の国民所得は国内生産(四角

形 MHOHNM の面積)から途上国船員の所得(長方形 CENM の面積)を引いた五角形 MHOHECM の面積となり，それは途上国船員が雇用される以前の国民所得に比較して三角形 ACM の面積分増加する。他方，途上国の国民所得は，国内生産(四角形 MFOFNM の面積)と出稼ぎ船員の海外労働所得(長方形 MCEN の面積)を合わせた五角形 MFOFECM の面積となり，それは船員が出稼ぎに行く以前の国民所得に比較して三角形 MCB の面積分増加する。

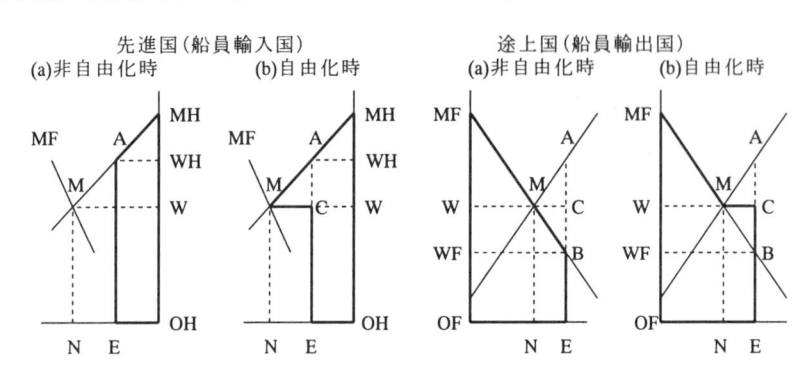

図7-2　外国人船員の雇用の自由化と国民所得の変化

このように，先進国および途上国の国民所得は，外国人船員の雇用の自由化によって両国の船員労働が効率的に利用されることになるために，ともに増加することになる。

(3) 外国人船員の輸出入と国内分配

国民所得は，海運資本所得と船員労働所得に分けられ，ここでは外国人船員の雇用の完全自由化が先進国および途上国の国内分配に及ぼす影響つまり海運資本所得と船員労働所得の変化についてみてみよう。

途上国船員が雇用される以前の先進国における船員労働所得は，図 7-3 に示されるように，船員賃金 WH と船員労働投入量 OHE の積で表される長方形 WHOHEA の面積となり，海運資本所得は規模に関して収穫一定の生産技術の下では生産物は各生産要素の限界生産力に応じて完全に分配されるため，国民

所得から船員労働所得を引いた残りの面積つまり三角形 MHWHA の面積となる。途上国船員が雇用された後の船員労働所得は長方形 WOHEC の面積，海運資本所得は三角形 MHWM の面積となり，したがって先進国における船員労働所得は長方形 WHWCA の面積分減少し，海運資本所得は台形 WHWMA の面積分増加することになるが，これは途上国船員の雇用によって船員労働の限界生産力が低下し，海運資本の限界生産力が上昇するからである。

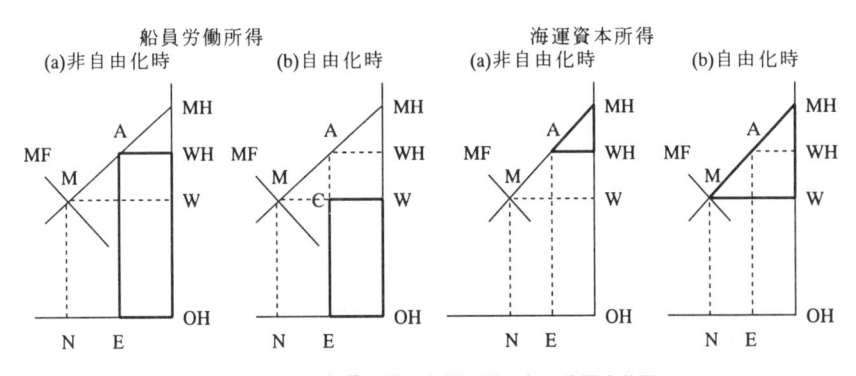

図7-3 外国人船員の雇用と雇用国における国内分配

他方，船員が出稼ぎに行く以前の途上国における船員労働所得は，図 7-4 に示されるように，長方形 WFOFEB の面積，海運資本所得は三角形 MFWFB の面積となり，船員が出稼ぎに行った後の船員労働所得は国内労働所得（長方形 WOFNM）と海外労働所得（長方形 MNEC）を合わせた長方形 WOFEC の面積，海運資本所得は三角形 MFWM の面積となる。したがって，途上国における船員労働所得は長方形 WWFBC の面積分増加し，海運資本所得は台形 WWFBM の面積分減少することになるが，これは船員が先進国へ出稼ぎに行ったことによって船員労働の限界生産力が上昇し，海運資本の限界生産力が低下するからである。

このように，途上国船員が雇用された場合には先進国の国内分配においては豊富要素である海運資本にとって有利となるが，希少要素である船員労働にとっては不利となる。逆に，途上国の国内分配においては豊富要素である船員労

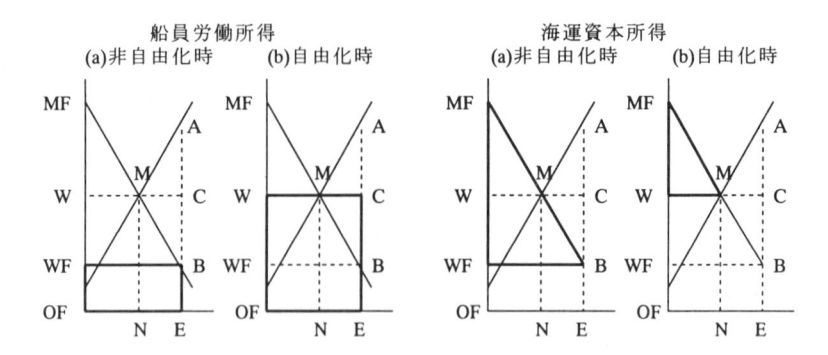

図7-4 外国人船員の雇用と出稼ぎ国における国内分配

働にとって有利となるが，希少要素である海運資本には不利となる。

そのため，一般に先進国の船員は途上国船員の雇用に反対し，その規制を求めるのはこれによって説明される。

7・2 外国人船員雇用の規制効果

(1) 外国人船員雇用量の量的制限政策

先進国における外国人船員の雇用規制には，海運資本輸出規制と同様に，量的制限政策と課税政策があり，量的制限政策は外国人船員の雇用量の上限を定めてそれ以上の外国人船員の雇用を禁止するという政策である。ここでは，まず先進国政府が外国人船員の雇用を量的に規制した場合の効果についてみよう。

いま，海運資本豊富国である先進国と船員労働豊富国である途上国の両国は，海運資本と船員労働という2つの生産要素と規模に関して収穫一定の同一の生産技術をもちいて国民所得(=海運)という共通の1財を生産し，両国間では海運の国際取引と海運資本の輸出入が禁止され，代わりに船員の国際移動が自由化されているとしよう。

第7章 外国人船員雇用の理論　143

　図 7-5 は，船員労働の限界生産力曲線を描いたもので，右側の縦軸には先進国船員労働の限界生産力，左側の縦軸には途上国船員労働の限界生産力が測られている。横軸は両国の船員労働賦存量を示し，先進国の船員労働賦存量をOHE，途上国の船員労働賦存量を OFE とし，ここでは OHE<OFE となるように点 E が定められ，また直線 MHMH' は先進国船員労働の限界生産力曲線，直線 MFMF' は途上国船員労働の限界生産力曲線を表しているものとする。

　さて，先進国と途上国の国内経済がともに完全競争であり，外国人船員が自由に雇用されているときの先進国における途上国船員の雇用量は EN であり，その時の両国共通の船員賃金は W となる。いま，先進国政府が途上国船員の雇用枠を EN 間の点 Q に設定したとすれば，途上国船員の雇用量は EQ，国内での船員労働の使用量は OHQ(=OHE+EQ)，先進国内での船員賃金は WH2 となる。

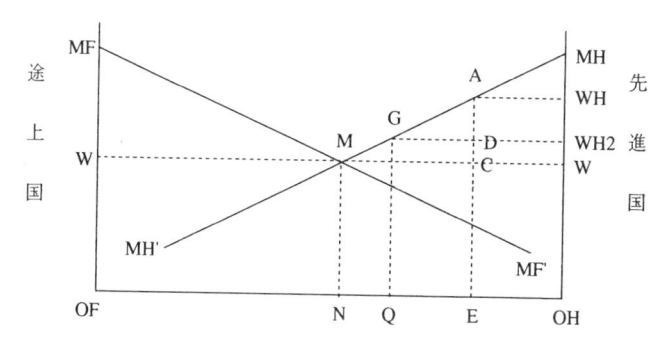

図7-5　船員労働輸入量の量的規制と船員労働の総生産量

　この時，直線 MHMH' と直線 MFMF' の交点をM，点 Q を通る垂線と直線MHMH' の交点を G，点 G から横軸に平行に引かれた直線と点 E を通る垂線の交点を D，点 E を通る垂線と外国人船員の雇用が完全自由化された場合の両国共通の賃金を示す直線 WW の交点を C とすれば，先進国の国民所得は国内生産(四角形 MHOHQG の面積)から途上国船員の所得(長方形 DEQG の面積)を引いた五角形 MHOHEDG の面積に等しく，それは途上国船員を自由放任政策の

下で雇用した場合(途上国船員の雇用量が EN の場合)よりも台形 DCMG の面積分小さくなり，それは途上国船員の雇用量が少なくなるに従って国内生産が減少するからである。

(2) 外国人船員の所得に対する課税政策

先進国政府が外国人船員の雇用を量的に規制する代わりに，途上国船員の先進国内での所得に対して所得税を課税するという政策を採用した場合の効果についてみてみよう。

図 7-6 は，図 7-5 と同様に先進国と途上国における船員労働の限界生産力曲線を描いたもので，いま先進国政府が QN の途上国船員の雇用を制限(禁止)するために，途上国船員の所得に対して HG/QG の税率で所得税を課税したとしよう。ただし，途上国での課税はないものとする。

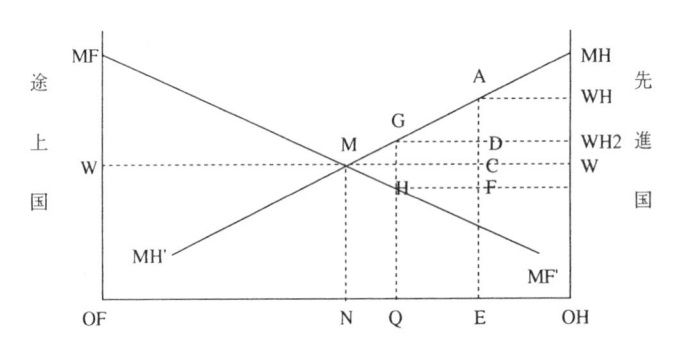

図7-6 外国人船員の所得に対する課税と船員労働の総生産量

このとき，直線 MFMF' と点 Q を通る垂線の交点を H とし，この税率のものでの途上国船員の雇用量を EQ とすれば，先進国における途上国船員の税込み賃金は QG，税額は HG，途上国における船員賃金は QH となり，ここに

　　　　途上国船員の税引後賃金(QG-HG)＝途上国内の賃金(QH)

という内外賃金手取り額の均衡条件が成立するため，これ以上に途上国船員の雇用量が増大することも減少することもない。

そして，点 H から横軸に平行に引かれた直線と点 E を通る垂線の交点を F とすれば，先進国における国民所得は国内生産(四角形 MHOHQG の面積)から途上国船員の税込み所得(長方形 DEQG の面積)を差し引き，先進国政府の所得税収入(長方形 DFHG の面積)を加えた六角形 MHOHEFHG の面積となり，それは途上国船員の雇用枠を量的に EQ に規制した場合の国民所得と比較して所得税の収入分大きく，また途上国船員を自由放任政策の下で雇用した場合の国民所得よりも大きく，それは以下のように説明される。

図 7-7 は，先進国と途上国における船員労働の限界生産力曲線を描いた図 7-6 の一部を拡大し，理解を容易にするために左右の縦軸を入れ替えたもので，ここでは図 7-6 の点 E を通る垂線と直線 MFMF' の交点を B，点 N と点 M を結ぶ直線の延長線上に BC=MS となるような点を S，点 B を起点として点 S を通る直線を直線 BB'，点 E を通る垂線上に BA(最大税額)=AA' となるような点を A'，点 A' と点 M を結ぶ直線と直線 BB' の交点を K としている。

このとき，先進国においては途上国船員の雇用量が減少すると国内生産が減少するものの内外賃金手取り額を均衡させようとすれば所得税率が高くなるため，点 A' と点 M を結ぶ線分 A'M は途上国船員の雇用における所得税収入を含む限界収入曲線となり，また点 B と点 M を結ぶ直線 BMF(図 7-2 では直線 MFMF')は賃金を表すために途上国船員の雇用における平均支出曲線となる。

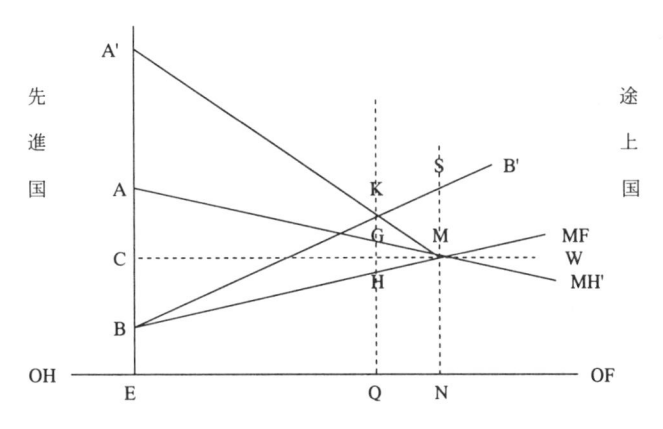

図7-7　外国人船員の自由雇用と最適課税政策の比較

そして，作図から明らかなように直線 BB' を途上国船員の雇用における限界支出曲線とすれば[2]，途上国船員の雇用によって利潤を極大化する場合の途上国船員雇用量は EQ となり，この時の所得税の課税率は HG/QG となる。なぜなら，途上国船員雇用量をEQからENに増加すれば，費用の増分が四角形 KSNQ であるのに対して，収入の増分が四角形 KMNQ となり，三角形 KSM が赤字となるからである。したがって，課税政策の下では EQ が途上国船員の最適雇用量，HG/QG が所得税の最適課税率となる。

そのため，図 7-8 に示されるように，国民所得から見た途上国船員雇用の規制効果には

最適課税政策＞自由放任政策＞量的制限政策＞非自由化政策

というランキングが成り立つ。

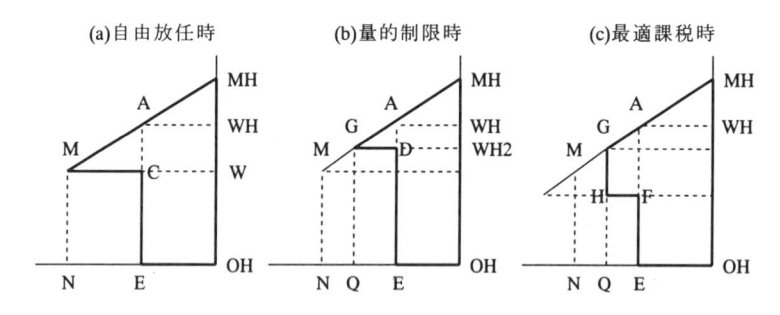

図7-8　外国人船員の雇用における先進国の国民所得

(3) 外国人船員雇用規制と国内分配

途上国船員の雇用の量的制限政策と途上国船員の所得に対する最適課税政策が，先進国の国内分配に及ぼす影響について検討しておこう。

船員労働所得は，図 7-9 に示されるように，量的制限政策の場合においても最適課税政策の場合においてもいずれも長方形 WH2OHED の面積に等しく，それは途上国船員の雇用が自由化されていない場合よりも長方形 WHWH2DA の面積分小さく，途上国船員の雇用が自由放任されている場合よりも長方形

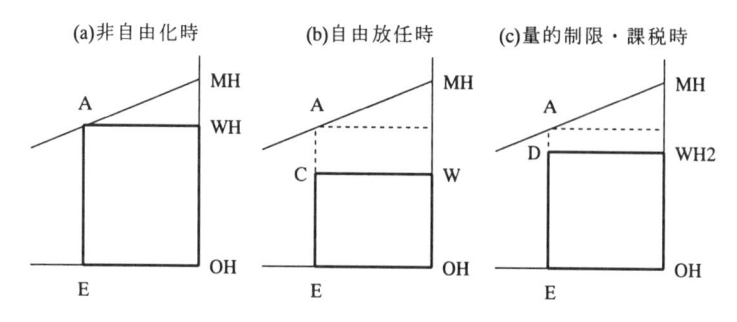

(a)非自由化時　　　(b)自由放任時　　　(c)量的制限・課税時

図7-9　外国人船員雇用規制と船員労働所得

WH2WCD の面積分大きい。

　したがって，船員労働から見た場合の外国人船員雇用規制の効果には

　　　　非自由化政策＞最適課税政策＝量的制限政策＞自由放任政策

というランキングが成り立ち，仮に課税政策において得られた先進国政府の所得税収入が船員に均等に分配されるとするならば

　　　　非自由化政策＞最適課税政策＞量的制限政策＞自由放任政策

というランキングが成り立つ。

　他方，海運資本所得は図 7-10 に示されるように，量的制限政策の場合においても最適課税政策の場合においてもいずれも三角形 MHWH2G の面積に等しく，それは途上国船員の雇用が自由化されていない場合よりも台形 WHWH2

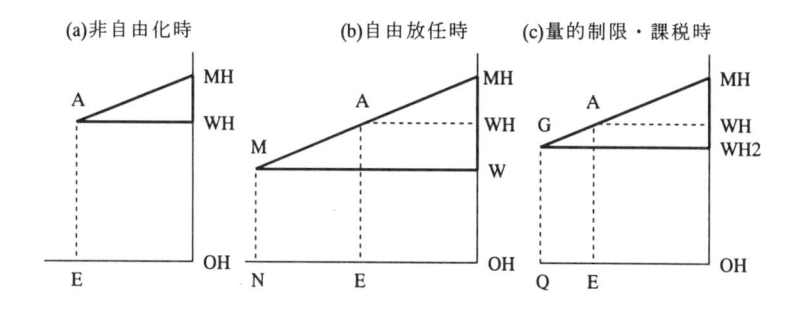

(a)非自由化時　　　(b)自由放任時　　　(c)量的制限・課税時

図7-10　外国人船員雇用規制と海運資本所得

GA の面積分大きく，途上国船員の雇用が自由放任されている場合よりも台形 WH2WMG の面積分小さい。

したがって，海運資本から見た場合の外国人船員雇用規制の効果には

自由放任政策＞量的制限政策＝課税政策＞非自由化政策

というランキングが成り立つ。

7・3　外国人船員の雇用と所得分配効果

(1) 外国人船員の雇用と資本・労働投入比率の変化

生産要素が産業部門間を移動できないという特殊的生産要素であるとした場合の外国人船員の雇用による先進国内における海運生産量の変化についてみてみよう。

いま，海運資本豊富国である先進国と船員労働豊富国である途上国の両国は，特殊的生産要素である資本と労働という2つの生産要素と規模に関して収穫一定の同一の生産技術をもちいて資本集約財である海運と労働集約財である農産品という2財を生産しているとする。

そして，両国間において海運資本の輸出入は禁止されているが，外国人船員の雇用は完全自由化されているため賃金の高い先進国に途上国から船員が流入し，船員労働の供給量が増大すれば，先進国では海運生産量が増加することになり，それは以下のように説明される。

図 7-11 は，横軸に資本賦存量，縦軸に労働賦存量を測り，完全競争下にある先進国の資本・労働投入比率を描いたもので，直線 OKLA は農産品生産における固定的な資本・労働投入比率，直線 OKLS は途上国船員を雇用する以前の海運生産における資本・労働投入比率，曲線 QQ' は海運の等産出量曲線を表し，資本および労働の賦存量が点 P によって与えられているとすれば，線分 OS が海運生産量，線分 ON が農産品生産量となる。

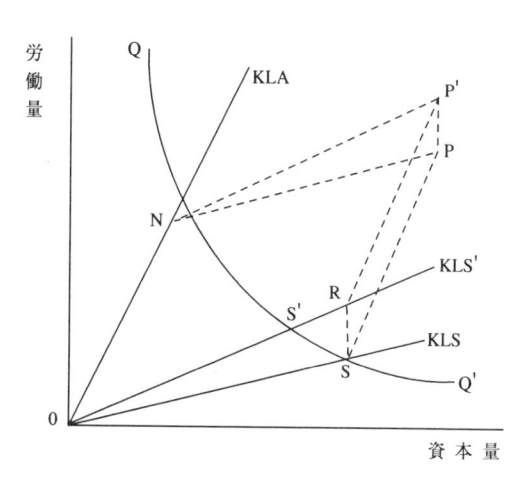

図7-11 船員労働量の増加と生産量の変化

　さて，途上国船員の雇用によって労働賦存量が PP' 増加して新たな賦存状況が点 P'に移動するとともに，船員賃金の低下によって海運生産における資本・労働投入比率が直線 OKLS' に変化し，直線 OKLS' と点 S を通る垂線の交点を R とし，PP'=SR とすれば，農産品生産量は ON のまま変化しないが，海運の新たな生産量は線分 OR によって与えられ，海運生産量は S'R 増加することになる。[3]

(2) 外国人船員の雇用と生産点の変化

　外国人船員の雇用による先進国の経済厚生水準の変化を一般均衡分析によってみてみよう。

　図 7-12 は完全競争下にある先進国の国民経済を描いたもので，横軸には海運の数量，縦軸には農産品の数量が測られている。曲線 TT' は生産可能性フロンティア，曲線 U1 は社会的無差別曲線を表し，直線 AA' を価格線(=予算線)とすれば，点 S1 が生産点，点 C1 が消費点となり，このとき海運生産量は X1，海運消費量は CX1，海運輸出量は CX1X1，農産品生産量は Y1，農産品消費量

はCY1，農産品輸入量はCY1Y1となる。

いま，途上国船員の流入によって先進国では海運生産量が増加するため，その流入量の増大とともに生産点が点S1から点S2に移動したとすれば，生産可能性フロンティアは曲線T1T1'から曲線T2T2'に拡張し，直線AA'と平行な直線BB'と点S2で接するようになり，海運生産量はX1からX2に増加し，海運消費量を不変とすれば，海運輸出量はCX1X1からCX1X2に増加する。また，点X1と点S1を結ぶ直線の延長線と直線BB'の交点をFとすれば，海運生産量の増加分X1X2=S1S2を農産品で測ればS1F(=AB)に等しく，そのため途上国船員の雇用によって先進国の国内生産はY軸上のAからBに増加することになる。

そして，この増加額のすべてを途上国船員の限界生産物とすれば，それはすべて途上国船員の賃金収入として途上国に送金されるため，先進国の支出国民所得はAとなり，社会的無差別曲線が経済厚生の水準を表すとすれば，厚生水準は途上国船員を雇用する以前と変わらないことになる。

しかし，海運生産量の増加は途上国船員の流入による船員労働賦存量の増加のみをその要因とするものではく，前述のように規模に関して収穫一定の生産技術の下では生産物は各生産要素の限界生産力に応じて完全に分配されるため，

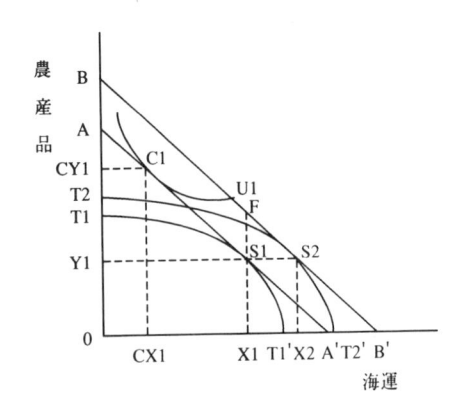

図7-12 船員労働量の流入と生産点の変化

増加量は途上国船員の所得(出稼ぎ労働所得)と海運資本所得に分配されることになり，その海運資本所得の増加分だけ先進国の国民所得は増加することになり，また途上国船員の所得に対する課税政策が実施されれば，先進国の国民所得は税収入分増加することになる。

(3) 外国人船員の賃金水準と国民所得

　課税政策のもとでの外国人船員の雇用による先進国の国民所得の変化を一般均衡分析によってみてみよう。

　いま，完全競争下にある先進国と途上国は資本と労働という2つの生産要素をもちいて農産品と海運という2財を生産し，先進国においては海運の生産にもちいられている労働はすべて途上国船員であるとする。

　図 7-13 は先進国の国民経済を描いたもので，横軸には海運の数量，縦軸には農産品の数量が測られている。曲線 TT は生産可能性フロンティア，曲線 U1 は社会的無差別曲線を表し，直線 AA' を価格線とすれば，点 S1 が生産点，点 C1 が消費点となり，このとき海運生産量が X1，海運消費量が CX1，海運輸出量が CX1X1，農産品生産量が Y1，農産品消費量が CY1，農産品輸入量が Y1CY1 となる。そして，Y 軸上の A は農産品で測った国内生産であり，議論を平易にするために海運資本所得を無視すれば，このうち Y1A は外国人船員に対する支払賃金の総額となるため，支出国民所得は Y1 となる。

　いま，先進国政府が途上国船員に対して所得税を課税したとしよう。ただし，途上国船員の雇用量，海運と農産品の生産量および消費量を不変とし，運賃は船員の賃金に等しく，途上国船員の手取り賃金の減少によって相対運賃に負の符号を付けたものが点 S1 を通る直線 BB' の傾きに等しいものとすれば，Y 軸上の Y1B が途上国船員に対する支払賃金の総額となり，BA が所得税収入となる。

　したがって，途上国船員に対する所得税課税政策を採用した後の国民所得は Y1 に所得税収入 BA を加えたものとなり，それは課税政策を採用する以前よ

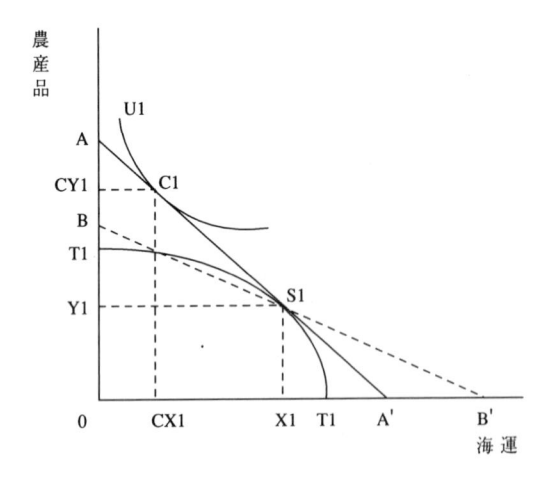

図7-13 外国人船員の賃金水準と国民所得

りも大きくなる。この議論を拡大すれば，完全競争の下では先進国が自国船員の代わりに賃金の低い途上国船員を雇用して賃金の高い自国船員を解雇することによって国民所得を増加することができるということになる。

7・4 海運資本輸出規制と外国人船員雇用規制の比較

(1) 資本・労働投入比率と国民所得

　海運資本輸出規制と外国人船員雇用規制の効果の比較によって，先進国における資本および労働の移動の自由化の利益についてみてみよう。
　さて，海運資本輸出規制においては先進国政府が海運資本輸出を量的に規制しても，また対外投資収益に対する課税政策によって海運資本の輸出量を規制しても，いずれの場合も先進国において得られる国民所得の大きさは同じであることはすでに述べたとおりである。
　いま，その場合の先進国における海運資本の輸出量を KHQ とし，この資本

第7章 外国人船員雇用の理論　*153*

と結合して生産に投入される途上国の船員労働量を LFQ，途上国の海運資本賦存量を KF，途上国の船員労働賦存量を LF とすれば，途上国の海運資本輸入に係わる資本・労働投入比率 KHQ/LFQ=途上国の賦存資本・残余労働投入比率 KF/(LF-LFQ)=途上国の全資本・賦存労働投入比率(KF+KHQ)/LF が成立する。

　そして，先進国政府が海運資本輸出を最適量に規制した場合の国民所得を YH1，対外投資収益に対する課税政策を実施した場合の国民所得を YH2 とすれば，それは先進国と途上国における海運資本の限界生産力曲線を描いた以下の図 7-14 に示されるように，

　　　　YH1(=YH2)=四角形 MHOHQG+長方形 HQED
となり，これは

　　　　YH1(=YH2)=四角形 MHOHQG+四角形 HQEA-三角形 AHD
と表すことができる。

　また，先進国における海運資本賦存量を KH，船員労働賦存量を LH とすれば，四角形 MHOHQG は先進国の残余資本(KH-KHQ)と船員労働賦存量(LH)によって先進国の生産技術の下で生産される国内生産であり，これを便宜上 Y1 とする。四角形 HQEA は，先進国から輸出された海運資本 KHQ と途上国の船員労働量 LFQ によって途上国の生産技術の下で生産された所得であり，これを Y2 とする。三角形 AHD は，先進国から輸出された海運資本と結合した途上国の船員労働量の労働報酬であり，これを WFLFQ とすれば，先進国政府が

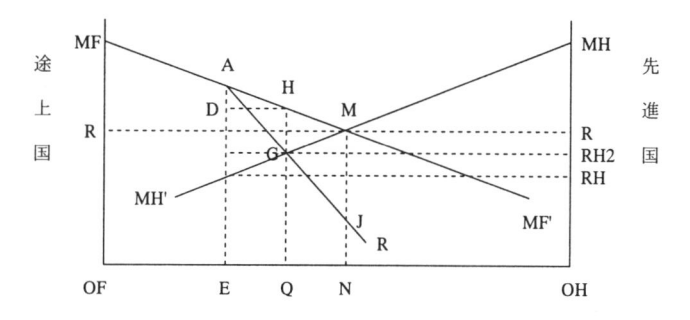

図7-14　海運資本輸出量の量的規制と資本の総生産量

海運資本輸出を最適量に規制した場合あるいは対外投資収益に対する課税政策を実施した場合の国民所得($YH_1=YH_2$)は

$$YH_1(=YH_2)=Y_1+Y_2-WFLFQ$$

と表すことができる。

そして、図7-15は横軸に資本・労働投入比率、縦軸に労働一単位当たりの国民所得つまり労働生産性を測り、生産関数を示す曲線OGを描いたもので、いま横軸のOA'の長さが途上国の海運資本輸入に係わる資本・労働投入比率 KHQ/LFQ に等しいものとすると、点A'に対応する曲線OG上の点Aの高さは先進国から輸出された海運資本 KHQ と結合した途上国の労働量 LFQ の労働生産性 Y2/LFQ を表す。また、先進国は資本豊富国であり、そのためその生産技術は途上国と比較して常に資本集約的であるとして、先進国の残余資本・労働投入比率(KH-KHQ)/LH を途上国の海運資本輸入に係わる資本・労働投入比率より長くして OB' のようにとるならば、点B'に対応する曲線OG上の点Bは先進国の船員労働量 LH の労働生産性 Y1/LH を表す。

そして、1より小さい正数である LFQ/(LH+LFQ) を仮にRとおくと、先進国の資本・全使用労働投入比率は

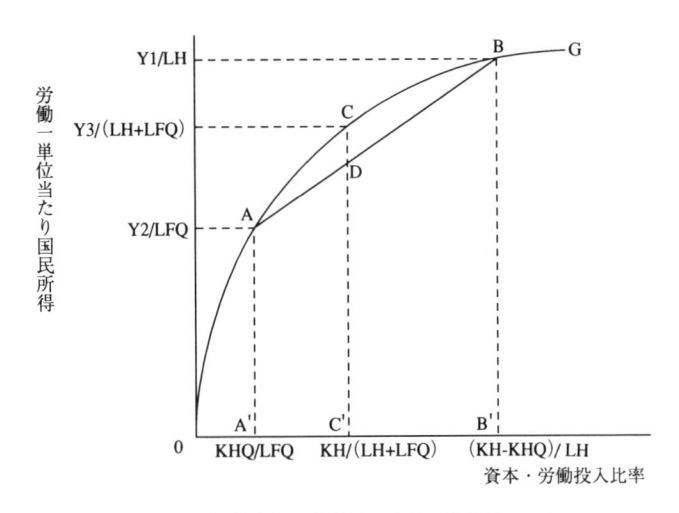

図7-15 船員労働の生産性と資本・労働投入比率

$$\frac{KH}{LH+LFQ} = R\frac{KHQ}{LFQ} + (1-R)\frac{KH-KHQ}{LH}$$

であるから,横軸上の点 A'と点 B'の間に A'C'/C'B'=(1-R)/R となるような点 C' をとると,OC'の長さは KH/(LH+LFQ)に等しい。そこで,点 A と点 B を結ぶ直線と点 C'を通る垂線との交点を点 D とすると,点 D の高さは相似三角形の公式により

$$R\frac{Y2}{LFQ} + (1-R)\frac{Y1}{LH} = \frac{YH1+WFLFQ}{LH+LFQ}$$

となる。

(2) 海運資本輸出規制および外国人船員雇用規制と国民所得

　海運資本輸出規制と外国人雇用規制を比較すれば,外国人雇用規制の方が先進国の国民所得を大きくし,それは以下のように説明される。

　いま,先進国政府が途上国に輸出されていた海運資本 KHQ をすべて引き揚げるとともに,それと結合して生産に投入されていた途上国船員 LFQ を自国に短期的に移住させ,以前と同じ賃金水準 WF で彼らを雇用する政策を採用したとしよう。この仮定は,海運資本の輸出に代えて途上国船員の雇用を認め,先進国政府が途上国船員の所得に対する課税政策を採用し,途上国船員の雇用量を LFQ に制限することと同じである。

　そして,先進国は海運資本賦存量(KH)と総雇用船員労働量(LH+LFQ)を結合して自国の生産技術をもちいて海運を生産し,その国内生産量を便宜上 Y3 とする。この時,先進国における資本・労働投入比率は KH/(LH+LFQ)であり,これは図 7-15 の横軸上の点 C'に該当するため,点 C' に対応する曲線 OG 上の点 C の高さは総雇用船員労働量の労働生産性 Y3/(LH+LFQ)を表し,この場合の国民所得を YH3 とすれば,それは

　　　YH3=Y3 - WFLFQ

と表される。

　そして,CC' と DC'の高さを比較すると,図 7-15 が示すように,このよう

な生産関数の場合には CC' の方が高く，また，このことは

$$CC'=Y3/(LH+LHQ)$$
$$=(YH3+WFLFQ)/(LH+LFQ)$$
$$DC'=(YH1+WFLFQ)/(LH+LFQ)$$

であるため，途上国船員の所得に対する課税政策を採用した場合の国民所得 YH3 は，海運資本輸出量を最適量に規制した場合の国民所得 YH1 より大きいことを意味している。

ただし，途上国船員の雇用量を LFQ に制限する所得税課税政策が必ずしも国民所得を極大化する最適課税政策であるとは限らないので，一般的には，最適課税政策の下での先進国における国民所得 YH3S は

$$YH3S \geqq YH3$$

という不等式を満たすために

$$YH3S>YH1$$

という不等式も満たすことになる。

したがって，海運資本の輸出規制と途上国船員の雇用規制の効果を国民所得という観点から比較すると，先進国にとっては

途上国船員の最適量雇用政策>海運資本輸出量の最適量制限政策=対外投資収益に対する課税政策>自由放任政策>非自由化政策

というランキングが成り立つ。

【注】
1) 一般に，労働と資本の投入量をそれぞれ L, K とし，それから生産される生産物の産出量を Q とするとき，生産関数は

$$Q=f(L,K)$$

と表される。

この生産関数は，以下の性質を備えている。一つは，資本の投入量を K1 の水準に保ち，労働の投入量をゼロから次第に増加させていった場合，産出量の水準は付図 7-1 に示されるように変化する。例えば，労働の投入量が L1 のときの産出量は Q1 であり，いま労働の投入量を L1 から少し($\varDelta L$)増加させたとき，産出量も Q1 から少し($\varDelta Q$)増加

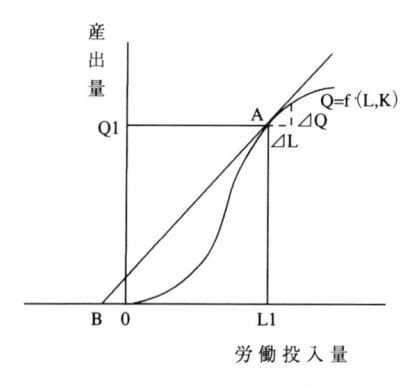

付図 7-1　一般的な生産関数

する。このとき，増加した産出量と投入量の比率を点 L1 における労働の限界生産力または限界生産物と呼び，これは $\varDelta L$ をゼロに近づけた極限値であり，点 A における接線の傾きに等しい。

そして，労働の投入量をゼロから次第に増加していくと，付図 7-1 の接線の傾きとして観察されるように労働の限界生産力は漸次増大し，ある点を境にして漸次減少する。経済分析においては限界生産力が漸減していく部分が問題にされ，限界生産力が漸減していくことを限界生産力逓減の法則あるいは収穫逓減の法則と呼ぶ。

しかし，海運の場合には若干異なる点がある。資本(船舶)の投入量を1隻に保ち，船員労働の投入量をゼロから次第に増加させていった場合には，付図 7-2 に示されるように，産出量は増加していくが，当該船舶の乗組定員を L1 とすれば，それに達すれば，それ以降は船員労働の投入量を増大しても産出量はまったく増加しない。極端な場合には，船員数を増加すれば貨物積載量が減少するため産出量が減少することもある。

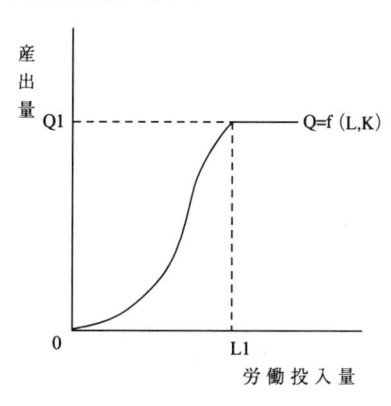

付図 7-2　船舶の生産関数

2) 限界収入曲線は，完全競争を想定すれば一般には以下のように作図される。付図 7-3 は海運市場を描いたもので，横軸に数量，縦軸に運賃・費用を測り，直線 DD'を需要曲線(つまり平均収入曲線)とすれば，限界収入曲線は直線 DMR となる。

そして，点 MR を通る垂線と直線 DD'の交点を R，点 R から横軸に平行な直線と縦軸との交点を P とすれば，このとき線分 OMR と線分 MRD'の長さは等しく，線分 OP と線分 PD の長さも等しくなる。

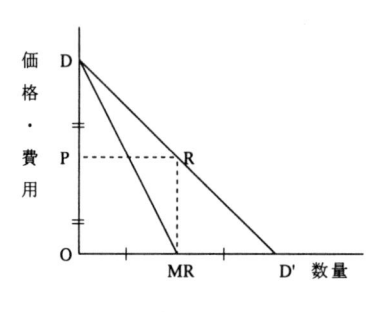

付図 7-3　限界収入曲線

3) 途上国船員の雇用による海運生産量の増加については，以下のことに留意する必要がある。

いま，途上国船員の雇用によって先進国では船員賃金が低下し，海運生産における資本・労働投入比率が低下したとしよう。その結果，途上国船員を受け入れる以前の海運生産量を維持しようとすれば，付図 7-4(本章の図 7-11 の一部を拡大)に示されるように，必要とされる資本量は K2 となって K2K1 の資本が節約され，必要とされる追加の船員労働量は BS'=SA となる。この時，流入した途上国船員 SR を全員雇用することができず，AR の船員が過剰となるが，節約された資本 K2K1 と過剰船員 AR が結びついて生産した海運の量が S'R となる。

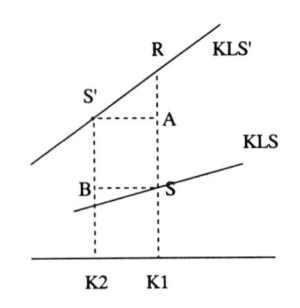

付図 7-4　船員の増加と海運生産量の増加

【参考文献】

今井賢一・宇沢弘文・小宮隆太郎・根岸隆・村上泰亮『価格理論Ⅰ』岩波書店,1971年。
伊藤元重・大山道広『国際貿易』岩波書店,1985年。
伊東正則・武野秀樹・土屋圭造編『ミクロ経済学要論』有斐閣双書,昭和61年。
小田正雄・鈴木克彦・井川一宏・阿部顕三『ベーシック国際経済学』有斐閣ブックス,1989年。
J.J. Evans and P.B. Marlow, *Quantitative Methods in Maritime Economics*, Fairplay Publications, 1990.

第8章 過剰船員の発生と過剰船員対策の理論

8・1 船舶の技術進歩と船員労働の生産性

(1) 技術進歩と生産関数

　一般に大型船や専用船にみられる新しい船舶(生産技術)の採用は,従来と同量の生産要素の投入によって従来よりも多くの産出量を産みだすことを可能にし,このとき生産技術の知識水準の向上による生産関数の上方へのシフトを技術進歩という。なお,経済学において生産関数とは,一組の生産要素とその使用量から得られる最大可能な生産物の量との関係,つまり一組の生産要素のある投入量とその水準で最大可能な生産物の産出量との間の量的な関係をいう。ここでは,まず技術進歩についてみてみよう。

　いま,先進国は資本と船員労働をもちいて海運を生産し,同国の資本賦存量を K,労働賦存量を L,海運産出量を Q としよう。

　図 8-1 は,横軸に資本・労働投入比率 K/L,縦軸に船員の労働生産性 Q/L を

測り，海運に関する船員の労働生産性関数を描いたものである。そして，曲線 OF1 を技術進歩前の古い船舶の労働生産性関数，曲線 OF2 を技術進歩後の新しい船舶の労働生産性関数とし，点 A を通る垂線と曲線 OF1 および曲線 OF2 の交点をそれぞれ B，C，点 D を通る垂線と曲線 OF1 および曲線 OF2 の交点をそれぞれ F，G，点 B から横軸に平行に引かれた直線と点 D を通る垂線の交点を E とすれば，資本・労働投入比率の水準が点 A の場合には技術進歩の大きさは BC/AB という技術進歩率で計られる。

しかし，新しい船舶では一般に資本・労働投入比率が上昇するため，現実に観測されるのは点 B から点 G への労働生産性の上昇であり，この場合には資本・労働投入比率が点 A から点 D に上昇したことによる労働生産性の上昇分 EF を差し引かねばならないため，資本・労働投入比率の水準が点 D の場合の技術進歩の大きさ，つまり技術進歩率は FG/DF となる。

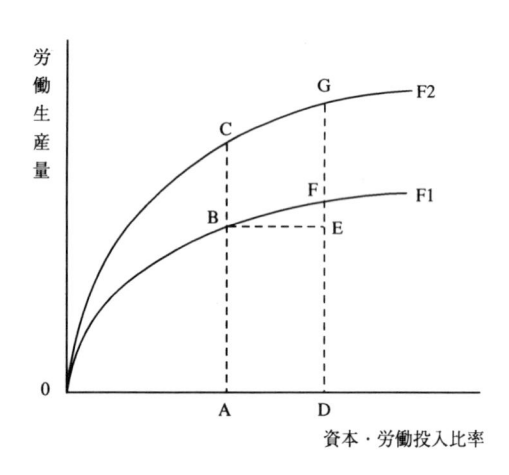

図8-1 技術進歩と労働生産性関数の変化

(2) 技術進歩と船員の雇用量

資本・労働投入量を一定とすれば，技術進歩が船員の労働生産性を上昇させ，

産出量を増大するが，ここでは産出量を一定とした場合に船舶の技術進歩が船員の雇用量に及ぼす影響について検討しよう。

いま，先進国は完全競争の下で資本と船員労働という2つの生産要素と規模に関して収穫一定の生産技術をもちいて海運を生産しているとする。

図8-2は，横軸に船員労働量，縦軸に海運産出量を測り，船員労働の生産性を描いたもので，直線 OB を技術進歩以前の古い船舶の船員労働生産性曲線，直線 OC を技術進歩後の新しい船舶の船員労働生産性曲線とし，資本投入量を一定とすれば，古い船舶では船員労働量 L1 による海運産出量は Q1 であるが，新しい船舶では海運産出量は Q2 に増加し，その差 Q1Q2 が船舶の技術進歩の成果となる。[1]

いま，乗組員数の少数精鋭化を目指す新しい船舶の採用が同量の生産要素の投入によって海運産出量の増大を図るためものではなく，乗組員数を削減するためのものであり，古い船舶による海運産出量の水準 Q1 を達成しようとすれば，新しい船舶では船員労働投入量を L1 から L2 に削減することができる。

そして，このような船員労働節約的技術進歩(あるいは海運資本使用的技術進歩)は，一定量の海運の産出に必要な船員労働量を減少させる反面，技術進歩を具体化するための投資活動が経済の総需要を増加させ，それが船員労働需要を増加させることもあるが，前者が後者を上回る場合には船員労働節約的技術進歩によって船員労働需要は減少することになる。この場合，賃金率が労働需要を一致させるように低下すれば船員労働市場は再び均衡に戻るが，終身雇

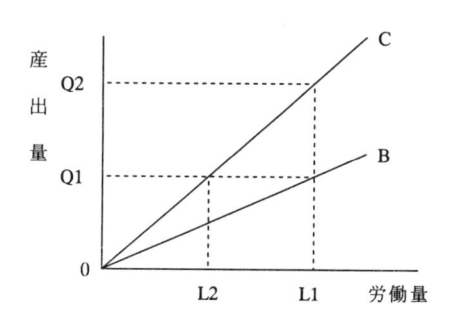

図8-2　船員労働の生産性と海運産出量

用制や年功序列賃金などによって賃金率が固定されている場合(船員労働市場の均衡をもたらすように賃金率が変動しない場合)には，技術進歩によって船員の技術的失業・過剰が発生することになる。[2]

(3) 船員賃金の上昇と資本・労働投入比率の変化

船員の失業・過剰は，船舶の技術進歩によって生ずるだけではなく，船員賃金の上昇によっても生じ，それは以下のように説明される。

図 8-3 は，横軸に資本量，縦軸に船員労働量を測り，一定量の海運を産出するために最小限必要な各生産要素の投入量の組み合わせを表す等量曲線 I I' を描いたもので，たとえば曲線 I I' 上の点 P1 という海運産出量に対応する資本投入量は K1，船員労働投入量は L1 となる。

そして，生産者が営利原則に基づいて行動する限り，同量の産出量を得るためには各生産要素の投入量の組み合わせの中でその購入費用が最小のものを選び，その組み合わせを決定するものが直線 AA' として描かれている等費用線であり，その傾きは資本の価格と船員労働の価格(賃金)の価格比に負の符号を付けたものに等しい。なお，等費用線上では費用はすべて一定であり，その値は等費用線が原点に近づくほど小さくなる。したがって，いま価格比に負の符号を付けたものが直線 AA' の傾きに等しいものとすれば，図 8-3 においては費用最小の最適点は等量曲線と等費用線が接する点 P1 において実現されることになる。

さて，資本の価格を不変とし，船員賃金の上昇によって等費用線の傾きが直線 BB' の傾きに変化し，産出量を一定として以前の要素投入量の組み合わせを維持しようとすれば費用最小が達成されなくなり，結果として各生産要素の購入費用は増加することになる。そのため，産出量を一定として費用最小を達成するためには，各生産要素の投入量の組み合わせを直線 BB' に平行な直線 CC' と等量曲線が接する点 P2 に対応する組み合わせ，つまり資本投入量を K1 から K2 に増やし，船員労働投入量を L1 から L2 に減らさなければならないため

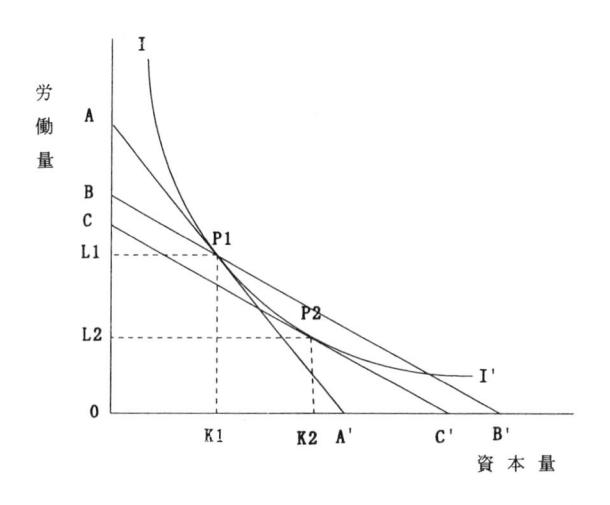

図8-3　賃金の上昇と船員労働投入量の減少

に，船員労働市場の均衡をもたらすように賃金率が変動しなければ船員の失業・過剰が発生することになる。

8・2　船舶の便宜置籍と外国人船員雇用の誘因

(1) 船舶の便宜置籍と外国人船員の雇用

　海運資本の輸出(船舶の便宜置籍)が船員労働の雇用に及ぼす影響についてみてみよう。

　いま，海運資本豊富国である先進国と船員労働豊富国である途上国の両国は，海運資本と船員労働という2つの生産要素と同一の生産技術を用いて海運という共通の1財を生産し，海運資本の輸出入や外国人船員の雇用が相互に自由化されているとする。

　図8-4は，船員労働の限界生産力曲線を描いたもので，右側の縦軸には先進

国における船員労働の限界生産力，左側の縦軸には途上国における船員労働の限界生産力が測られている。横軸は両国の船員労働賦存量を示し，先進国の船員労働賦存量 OHE は OH を起点とし，途上国の船員労働賦存量 OFE は OF を起点として測られ，ここでは OHE<OFE となるように点 E が定められ，また直線 MH1MH1' および直線 MH1MH2 は先進国船員労働の限界生産力曲線，直線 MF1MF1' および直線 MF1MF2 は途上国船員労働の限界生産力曲線を表しているものとする。

この時，先進国と途上国の国内経済がともに完全競争であり，両国の生産技術が規模に関して収穫一定とすれば，先進国における船員賃金は WH1，途上国における船員賃金は WF1 となる。

さて，先進国が途上国へ船舶を便宜置籍し，その結果，先進国における船員労働の限界生産力曲線が直線 MH1MH1' から直線 MH1MH2 にシフトし，途上国における船員労働の限界生産力曲線も直線 MF1MF1' から直線 MF1MF2 にシフト変化したとしよう。[3] この時，先進国における船員賃金は WH1 から W に低下し，途上国における船員賃金は WF1 から W に上昇し，両国において船員賃金が等しくなるため理論的には途上国船員が先進国に流入することはない。

このように，完全競争を想定すれば，船舶の便宜置籍に伴う先進国船員の賃金の低下によって途上国船員の雇用はなくなるが，先進国において船員賃金が固定化され，両国間において船員賃金に格差が存在する場合には外国人船員を雇用しようとする誘因が働くことになり，それは以下のように説明される。

いま，先進国では船舶の便宜置籍によって船員労働の限界生産力曲線が直線 MH1MH1' から直線 MH1MH2 にシフトしたものの，先進国(たとえば日本)では終身雇用制や年功序列型賃金制が採用されているために船員賃金が低下せず，船舶が便宜置籍される以前の WH1 のままであったとしよう。この時，先進国船員の賃金が WH1 であるのに対して，途上国における船員労働の限界生産力曲線が直線 MF1MF2 であるとすれば途上国船員の賃金は W となり，ここに先進国船員の賃金と途上国船員の賃金に WWH1 という格差が生ずることになる。そのため，海運資本の輸出入や外国人船員の雇用の自由化の下で両国間におい

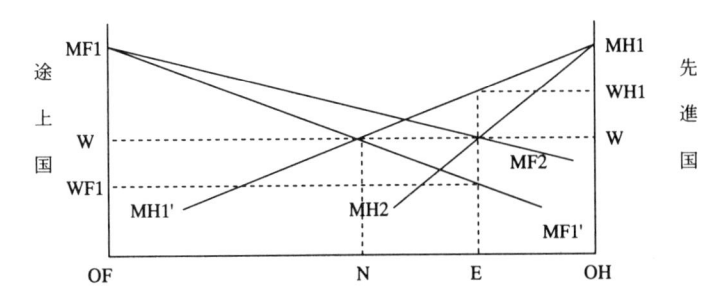

```
途              MF1                                          MH1         先
上                                                           WH1         進
国       W ─────────────────┼──────────────┐ W              国
        WF1                 │      MF2    │
              MH1'          MH2            MF1'
        OF                   N              E          OH
```

図8-4 先進国における海運資本輸出と船員労働の限界生産力の低下

て船員賃金に格差が存在する場合には，それが先進国において途上国船員の雇用を促進しようとする誘因となり，またそれは先進国船員の大量解雇の要因ともなりうる。[4]

(2) 船員労働の移動性と外国人船員への代替

　船員労働に国内移動性があり，船員の国際移動が自由化された場合には船員賃金の高い国においては自国船員の雇用が減少するのに対して外国人船員の雇用が拡大し，場合によっては雇用されるすべての船員が外国人船員となることもあり，それは以下のように説明される。

　いま，資本豊富国である先進国と労働豊富国である途上国の両国は，資本と労働という2つの生産要素をもちいて海運など共通する複数の財を生産し，海運の生産においては同一の生産技術がもちいられ，両国間では海運の国際取引と海運資本の輸出入が自由化されていない代わりに船員の国際移動が自由化されているとしよう。

　図8-5は，海運生産部門に従事する船員労働の限界生産力曲線を描いたもので，右側の縦軸には先進国における船員労働の限界生産力，左側の縦軸には途上国における船員労働の限界生産力が測られている。横軸は両国の乗組員数を示し，先進国の乗組員数 OHE は OH を起点とし，途上国の乗組員数 OFE は OF を起点として測られ，ここでは OHE<OFE となるように点 E が定められ，

また直線 MHMH' は先進国船員労働の限界生産力曲線，直線 MFMF' は途上国船員労働の限界生産力曲線を表しているものとする。

そして，先進国と途上国の国内経済がともに完全競争であるとすると，船員賃金は船員労働の限界生産力に等しいために直線 MHMH' および直線 MFMF' は船員労働投下量と船員賃金の関係を示し，船員の国際移動が自由化されていない場合には WH が先進国の船員賃金，WF が途上国の船員賃金となる。

さて，船員の国際移動が自由化され，両国共通の船員賃金を W とすれば，先進国で使用される船員はすべて途上国船員となる。この時，先進国における海運資本所得は自由化以前の三角形 MHWHA の面積から自由化後には四角形 MHWCA の面積へと長方形 WHWCA の面積分増加することになる。ただし，先進国が OHE の途上国船員を雇用すれば，途上国ではその分の船員が不足するため両国共通の賃金は W1 となり，そのため海運資本所得はその分減少する。

このように，これまでみてきた国際要素移動モデルでは先進国と途上国において生産される財は海運だけであり，そのため船員労働に国内移動性がない(したがって賃金が低下しても先進国船員はその賃金の下で就労する)という条件が設定されていたため，船員の国際移動が自由化された場合には途上国船員が先進国に流入し，先進国では先進国船での途上国船員との混乗という形態で海運の生産が行われることを示していたが，先進国の船員労働には国内移動性があるとするここでのモデルにおいては先進国船の乗組定員のすべてが途上国船員によって占められ，賃金の高い先進国船員すべてが船員としての職を失う

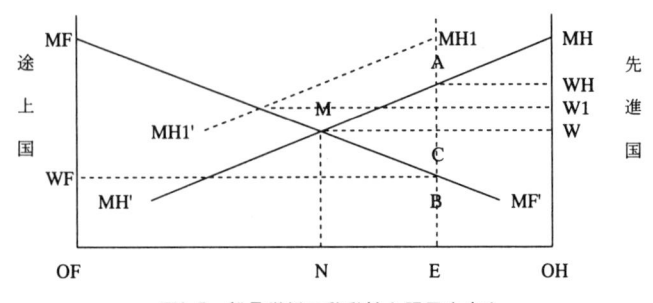

図8-5 船員労働の移動性と限界生産力

ことになる。

(3) 賃金格差と混乗船の限界

　先進国船における外国人船員との混乗についてみてみよう。

　いま，資本豊富国である先進国と労働豊富国である途上国の両国は，資本と労働という2つの生産要素をもちいて海運など共通する複数の財を生産し，海運の生産においては同一の生産技術がもちいられ，両国間では海運の国際取引と海運資本の輸出入が禁止されている代わりに船員の国際移動が自由化され，また船員労働にはともに国内移動性があるものとする。

　図8-6は，図8-5と同様に海運生産部門に従事する船員労働の限界生産力曲線を描いたもので，右側の縦軸には先進国における船員労働の限界生産力，左側の縦軸には途上国における船員労働の限界生産力が測られている。横軸は両国の乗組員数を示し，先進国の乗組員数OHEはOHを起点とし，途上国の乗組員数OFEはOFを起点として測られ，ここではOHE<OFEとなるように点Eが定められ，また直線MHMH'は先進国船員労働の限界生産力曲線，直線MFMF'は途上国船員労働の限界生産力曲線を表しているものとする。なお，ここでは外国人船員との混乗を検討するため，OHFは先進国船に留保された先進国船員の乗組員数を表し，WSはその賃金を表しているとする。

　そして，先進国と途上国の国内経済が共に完全競争であるとすると，船員賃金は船員労働の限界生産力に等しいため，直線MHMH'および直線MFMF'は船員労働投下量と船員賃金の関係を示し，船員の国際移動が自由化されていない場合にはWHが先進国の船員賃金，WFが途上国の船員賃金となる。

　さて，船員の国際移動が自由化され，両国共通の船員賃金をWとすれば，先進国に途上国船員が流入し，先進国船員が賃金の下落により離職・転職し，先進国船の乗組定員の総数OHEのうち，先進国船員に留保されているOHFを除く乗組員数FEのすべてが途上国船員となり，先進国ではOHFという先進国船員とFEという途上国船員の混乗という形態によって海運が生産されるこ

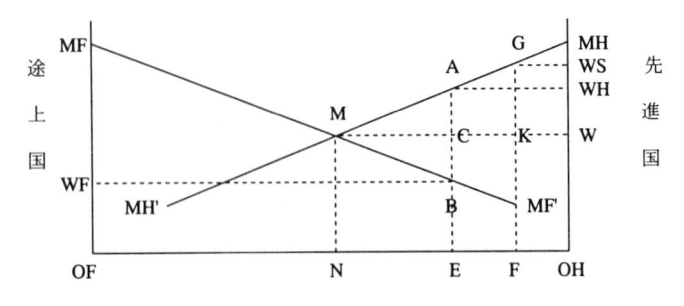

図8-6 船員労働の移動性と混乗船の限界

とになったとしよう。この時，先進国における海運資本所得は，外国人船員の雇用が自由化される以前の三角形 MHWHA の面積から，自由化後には三角形 MHWSG の面積と四角形 GKCA の面積を合わせたものに増加する。

そこで，この自由化後の海運資本所得を先の図 8-5 で示された先進国船に先進国船員の乗組員数が留保されていない場合の海運資本所得(四角形 MHWCA)と比較すれば，海運資本所得は先進国船に先進国船員の乗組員数が留保されている図 8-6 の方が長方形 WSWKG の面積分(先進国船員と途上国船員の賃金差 WWS×留保された先進国船員数 OHF)小さい。つまり，これは海運資本所得の大きさが国際競争力の大きさを表現するものとすれば，先進国船に賃金の高い先進国船員の乗組員数を留保すれば国際競争力が低下し，また先進国船員に留保される乗組員数 OHF が多くなるに従って先進国船の国際競争力が低下することを意味している。

8・3 先進国における船員労働の輸出

(1) 職員労働賦存量と職員労働の限界生産力

外国人船員の雇用の自由化の利益の議論においては，船員労働の質を同一として論じてきたが，ここでは一般に船員は職員と部員に大別されることから，船員を部員に比較して高い技能を有する職員に限定して，その雇用の自由化の

第8章　過剰船員の発生と過剰船員対策の理論　*171*

利益を国際要素移動モデルによって検討してみよう。

　いま，先進国と途上国の両国は，資本と職員労働という2つの生産要素と規模に関して収穫一定の同一の生産技術をもちいて国民所得という共通の1財を生産し，両国間では海運資本の輸出入は禁止されているが，外国人職員の雇用が相互に認められているものとする。

　図8-7は，職員労働の限界生産力曲線を描いたもので，右側の縦軸には先進国職員労働の限界生産力，左側の縦軸には途上国職員労働の限界生産力が測られている。横軸は両国の職員労働賦存量を示し，先進国の職員労働賦存量 OHE は OH を起点として左へいくほど多くなり，途上国の職員労働賦存量 OFE は OF を起点として右へいくほど多くなるように測られ，ここでは先進国を職員労働豊富国，途上国を職員労働稀少国として OHE>OFE となるように点 E が定められ，また直線 MHMH' は先進国職員労働の限界生産力曲線，直線 MFMF' は途上国職員労働の限界生産力曲線を表しているものとする。

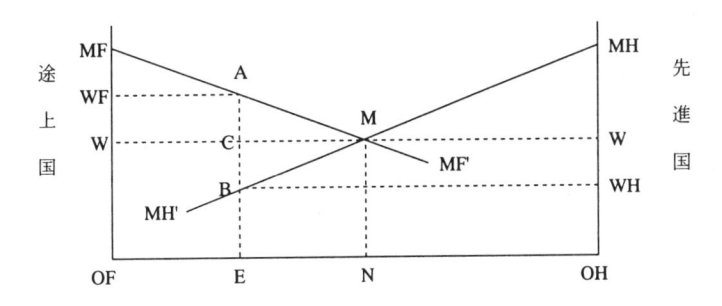

図8-7　職員労働輸出量と職員労働の総生産量

　そして，先進国と途上国の国内経済がともに完全競争であるとすると，賃金は労働の限界生産力に等しいために，直線 MHMH' および直線 MFMF' は職員労働投下量と職員賃金の関係を示し，職員労働の国際移動が自由化されていない場合には WH が先進国の職員賃金，WF が途上国の職員賃金となり，職員労働豊富国である先進国の職員賃金は職員労働稀少国である途上国の職員賃金よりも低くなる。

(2) 外国人職員の雇用と労働の総生産量

　先進国と途上国の両国において外国人職員の雇用が完全自由化されれば、職員は世界中で賃金が最も高いところへ出稼ぎに行こうとするため、図8-7では先進国から途上国へ職員が流入し、その結果、途上国で使用される職員労働量は点 E から右へシフトし、先進国で使用される職員労働量はその分だけ減少することになる。これは、政府あるいは企業による規制がなく自由放任されていれば、両国における職員賃金が等しくなるまで(ここでは両国の職員労働の限界生産力曲線の交点 M に対応する N まで)続き、結果として先進国の職員労働賦存量 OHE のうち OHN が国内で使用され、NE が途上国に出稼ぎに行くため途上国の職員労働賦存量は OFN(OFE+NE)となる。なお、点 M に対応する点 N より左にある点 E では先進国における職員労働の限界生産力が途上国のそれよりも低く、言い換えれば先進国の労働・資本投入比率が途上国のそれよりも低くなり、それは先進国では職員労働が相対的に過剰であることを表している。

　そして、図8-7において点 E を通る垂線と直線 MHMH'および直線 MFMF'との交点をそれぞれ B、A とし、点 A と点 B を結ぶ直線と外国人職員の雇用が自由化された場合の両国共通の職員賃金を示す直線 WW の交点を C とすれば、図8-8に示されるように、職員が途上国に出稼ぎに行った後の先進国の国民所得は、国内生産(四角形 MHOHNM の面積)と出稼ぎ職員の海外労働所得(長方形 MNEC の面積)を合わせた五角形 MHOHECM の面積となり、それは職員が出稼ぎに行く以前の国民所得(四角形 MHOHEB の面積)に比較して三角形 MCB の面積分増大する。他方、先進国の職員を雇用した途上国の国民所得は、国内生産(四角形 MFOFNM の面積)から出稼ぎに来た先進国職員の所得(長方形 CENM の面積)を引いた五角形 MFOFECM の面積となり、それは先進国職員を雇用する以前の国民所得(四角形 MFOFEA の面積)に比較して三角形 ACM の面積分増大する。

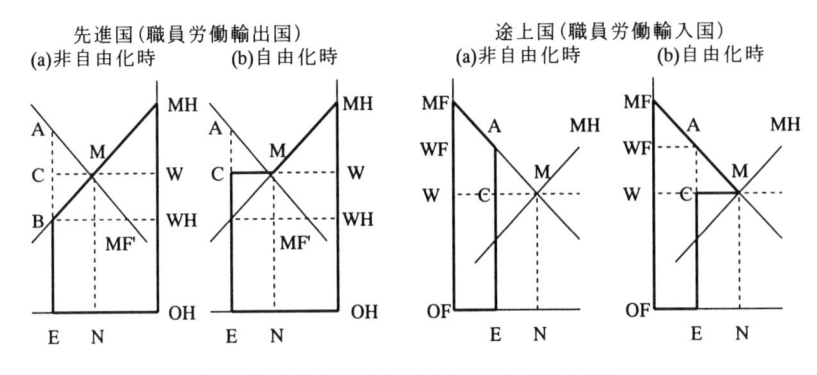

先進国(職員労働輸出国)　　　　　　途上国(職員労働輸入国)
(a)非自由化時　(b)自由化時　　　　(a)非自由化時　(b)自由化時

図8-8　職員労働の雇用の自由化と国民所得の変化

このように，先進国および途上国の国民所得は職員の雇用の完全自由化によって両国における職員労働が効率的に利用されることになるため，ともに増大することになる。

(3) 先進国における職員の出稼ぎと国内分配

先進国職員の途上国への出稼ぎが，先進国および途上国の国内分配に及ぼす影響つまり職員労働所得と海運資本所得の変化についてみてみよう。

職員が途上国へ出稼ぎに行く以前の先進国における職員労働所得は，図8-9に示されるように，職員賃金 WH と職員労働投入量 OHE の積で表される長方形 WHOHEB の面積となり，海運資本所得は国民所得から職員労働所得を引いた残りの面積つまり三角形 MHWHB の面積となる。そして，職員が出稼ぎに行った後の職員労働所得は長方形 WOHEC の面積，海運資本所得は三角形 MHWM の面積となる。したがって，先進国における職員労働所得は長方形 WWHBC の面積分増大し，海運資本所得が台形 WWHBM の面積分減少することになり，これは先進国においては職員が出稼ぎに行ったことによって職員労働の限界生産力が上昇し，海運資本の限界生産力が低下するからである。

このように，先進国の職員が途上国へ出稼ぎに行った場合には，先進国の国内分配においては職員労働にとって有利となるが，海運資本にとっては不利と

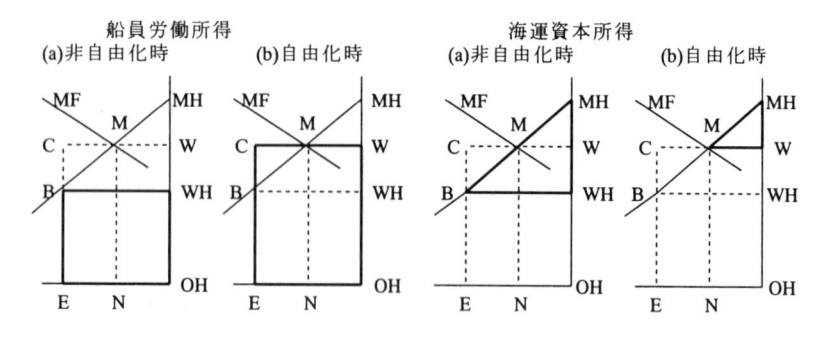

船員労働所得　　　　　　　　　海運資本所得
(a) 非自由化時　(b) 自由化時　　(a) 非自由化時　(b) 自由化時

図8-9 先進国における職員の出稼ぎと国内分配

なり，職員労働が相対的に過剰であっても出稼ぎに行く職員の数が増えるに従って海運資本所得は減少することになる。そのため，海運資本は職員の出稼ぎを阻止し，職員の派遣を制度化しようとするのである。

8・4　先進国における船員労働の派遣と労務提供

(1) 先進国における職員労働の派遣

　先進国の職員が途上国へ出稼ぎに行くことは，先進国の国内分配においては職員労働には有利となるものの海運資本にとっては不利となるため，職員が相対的に過剰であっても海運資本は職員の出稼ぎを阻止し，職員の派遣を制度化しようとし，それは以下のように説明される。
　いま，先進国と途上国の間では海運資本の輸出入も外国人船員の雇用も自由化されていないが，両国の海運企業間で職員の派遣についての何らかの協定が結ばれているものとしよう。
　図8-10は，職員労働の限界生産力曲線を描いたもので，右側の縦軸には先進国職員労働の限界生産力，左側の縦軸には途上国職員労働の限界生産力が測られている。横軸は両国の職員労働賦存量を示し，先進国の職員労働賦存量

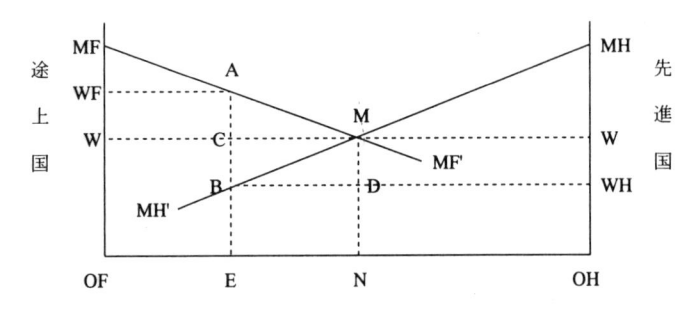

第8章　過剰船員の発生と過剰船員対策の理論　*175*

図8-10　先進国における職員労働の派遣と国民所得

OHE は OH を起点とし，途上国の職員労働賦存量 OFE は OF を起点として測られ，ここでは先進国を職員労働豊富国，途上国を職員労働稀少国として OHE>OFE となるように点 E が定められ，また直線 MHMH' は先進国における職員労働の限界生産力曲線，直線 MFMF' は途上国における職員労働の限界生産力曲線を表しているものとする。

そして，先進国と途上国の国内経済がともに完全競争であるとすると，賃金は労働の限界生産力に等しいために，直線 MHMH' および直線 MFMF' は職員労働投下量と職員賃金の関係を示し，職員労働の派遣が行われる以前には WH が先進国の職員賃金，WF が途上国の職員賃金となり，職員労働豊富国である先進国の職員賃金は職員労働希少国である途上国の職員賃金よりも低くなる。

さて，先進国が途上国に自国職員 NE(自由放任政策の下での流出分)を派遣し，途上国(の海運企業)はその職員の賃金を先進国(の海運企業)に支払うものとし，いまその賃金を WH としよう。この時，直線 MHMH'と直線 MFMF' の交点を M，点 E を通る垂線と直線 MHMH'の交点を B，点 E を通る垂線と外国人職員の雇用が完全自由化された場合の両国共通の賃金を示す直線 WW の交点を C，点 M を通る垂線と点 WH と点 B を結ぶ直線の交点を D とすれば，先進国の国民所得は職員を派遣する以前の台形 MHOHEB の面積から派遣後には六角形 MHOHEBDM の面積へと三角形 MDB の面積分減少し，その国民所得の減少分は海運資本所得の減少分であるため先進国の海運企業が賃金 WH

で職員を途上国に派遣することはない。

しかし，先進国が賃金 W で途上国に職員 NE を派遣するならば，先進国の国民所得は五角形 MHOHECM の面積となり，職員を派遣する以前の国民所得と比較して三角形 MBC の面積分増大し，また派遣された先進国の職員には国内での職員賃金 WH が支払われるものとすれば，国民所得の増加分は海運資本所得の増加分となる。

このように，先進国と途上国の海運企業の間で職員の派遣についての何らかの協定がある場合には，先進国の国内分配においては海運資本にとって有利となるため，ここに海運資本が職員の派遣を制度化しようとする誘因が働くことになる。

(2) 先進国における職員の労働提供

先進国では職員労働が絶対的に過剰であり，そのため先進国の海運企業が賃金の一部を負担する形で途上国の船舶に自社職員を提供・配乗させる場合(労務提供船)の海運資本所得と職員労働所得について検討してみよう。

いま，先進国と途上国の間では海運資本の輸出入も外国人船員の雇用も自由化されていないが，両国の海運企業間で職員の労務提供についての何らかの協定が結ばれているとする。

図 8-11 は，職員労働の限界生産力曲線を描いたもので，右側の縦軸には先進国職員労働の限界生産力，左側の縦軸には途上国職員労働の限界生産力が測られている。横軸は両国の職員労働賦存量を示し，先進国の職員労働賦存量 OHE は OH を起点とし，途上国の職員労働賦存量 OFE は OF を起点として測られ，ここでは先進国を職員労働豊富国，途上国を職員労働稀少国としてOHE>OFE となるように点 E が定められ，また直線 MHMH' は先進国における職員労働の限界生産力曲線，直線 MFMF' は途上国における職員労働の限界生産力曲線を表しているものとする。

そして，先進国と途上国の国内経済がともに完全競争であるとすると，賃金

第8章　過剰船員の発生と過剰船員対策の理論　*177*

は労働の限界生産力に等しいために，直線 MHMH' および直線 MFMF' は職員労働投下量と職員賃金の関係を示し，労務提供が行われる以前には W' が途上国の職員賃金，WH が先進国の職員賃金となるが，先進国では職員労働賦存量 OHE のうち NE が絶対的に過剰で，まったく乗船勤務をしていないが，職員には一律 W の賃金が支払われているものとしよう。この時，W が両国共通の職員賃金となり，そのため職員労働の国際移動が自由化されていても職員が出稼ぎに行くことはない。

いま，点 E を通る垂線と直線 MFMF' の交点を M，点 N を通る垂線と直線 MFMF' の交点を B，点 B から横軸に平行に引かれた直線と点 E を通る垂線の交点を D とし，先進国では賃金の一部 DM(=WFW')を負担する形で途上国の船舶に過剰な職員 NE を提供・配乗すれば，途上国では国内生産が四角形 MENB の面積分増加し，途上国が先進国に支払う賃金は長方形 DENB の面積に等しいため途上国の国民所得は三角形 MBD の面積分増加し，その増分は海運資本所得の増分である。また，先進国から NE の職員を受け入れることによって途上国では職員賃金が W' から WF に低下すれば，途上国の海運資本所得は台形 MBWFW' の面積分増加することになる。このように，先進国からの労務提供量が増加するに従って途上国の海運資本所得が増加するものとすれば，途上国の海運資本には先進国からの労務提供の受け入れを促進しようとする誘因が働くことになる。

他方，点 N を通る垂線と直線 MHMH' の交点を A とすれば，労務提供を行

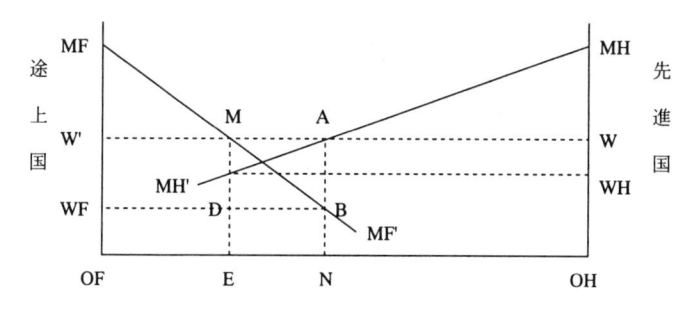

図8-11　先進国における職員の労働提供と国民所得

う以前の先進国の職員労働所得は長方形WOHEMの面積に等しく，これは労務提供後も変化はない。しかし，海運資本所得は労務提供前には三角形MHWAの面積から過剰職員の賃金ANEMの面積を引いた残りの面積となり，当然のことながら過剰職員を抱えることによって海運資本所得は過剰職員の賃金分減少することになる。そして，過剰職員の労務を途上国に提供することによって，海運資本所得は労務提供前と比較して途上国からの賃金の支払分(BNEDの面積)増加するため，先進国の海運資本にも途上国への労務提供を促進しようとする誘因が働くことになる。

(3) 船員労働の輸出入と賃金格差の拡大

職員と部員は有する技能(資格)の違いにより，職域間を移動できない特殊的生産要素であるとして船員労働の輸出入がそれぞれに及ぼす影響についてみてみよう。

いま，先進国は海運資本と船員労働(職員労働と部員労働)をもちいて海運を生産し，海運資本の輸出入は自由化されていないが，外国人船員の雇用は完全自由化されているとする。

図8-12は，船員労働の限界生産力曲線を描いたもので，右側の縦軸には職員労働の限界生産力，左側の縦軸には部員労働の限界生産力が測られている。横軸は先進国の船員労働賦存量を示し，職員労働賦存量OSEはOSを起点として，部員労働賦存量OGEはOGを起点として測られ，ここではOGE>OSEとなるような点Eが定められ，また直線MS1MS1'が職員労働の限界生産力曲線，直線MG1MG1'が部員労働の限界生産力曲線を表しているものとする。

そして，先進国の国内経済が完全競争であるとすると，船員賃金は船員労働の限界生産力に等しいために，直線MS1MS1'および直線MG1MG1'は船員労働投下量と船員賃金の関係を表し，また定義により船員労働は職域間を移動できないために職員賃金がRS1，部員賃金がRG1となり，これは有する技能(資格)の違いを反映しているものとしよう。

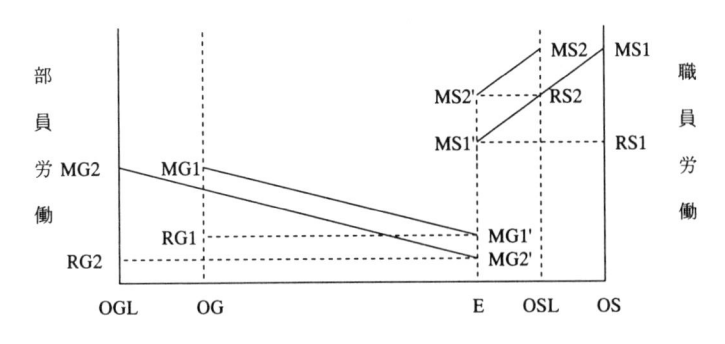

第8章　過剰船員の発生と過剰船員対策の理論　**179**

図8-12　船員労働の輸出入と賃金格差の拡大

　さて，OSOSLの職員が途上国に出稼ぎに行き，職員労働の限界生産力曲線が直線MS1MS1'から直線MS2MS2'へとシフトしたとすれば，職員賃金はRS1からRS2に上昇し，逆にOGOGLの途上国部員が雇用され，部員労働の限界生産力曲線が直線MG1MG1'から直線MG2MG2'へとシフトしたとすれば，部員賃金はRG1からRG2に低下するため，職員と部員の賃金格差は一層拡大することになる。この時，職員が途上国へ出稼ぎに行くことよって海運資本所得は前述のように減少するため，その減少を補うために海運資本は途上国部員の雇用を促進すれば職員と部員の賃金格差はますます拡大することになる。

【注】
1) ヒックスに依拠して技術進歩を分類すれば以下のようになる。一定の資本・労働投入比率の下で，資本の労働に対する技術的限界代替率が不変である技術進歩を中立的技術進歩，技術的限界代替率が上昇する(労働への分配率を有利にする)技術進歩を資本節約的技術進歩，技術的限界代替率が低減する(資本所得を有利にする)技術進歩を労働節約的技術進歩と呼び，そこでは労働節約的と資本使用的は同義である。なお，新しい生産技術を採用するのは資本家であるため，資本所得に有利になる新しい生産技術の導入が図られることは言うまでもない。
　さて，生産関数を等量線で示せば，技術進歩は原点方向へのシフトとして表されることになる。付図8-1は，それぞれの横軸に労働投入量，縦軸に資本投入量を測り，同図(a)は中立的技術進歩を描いたもので，一定の資本・労働投入比率の直線ORは点A，点B，点Cの3点で等量線Q1，Q2，Q3と接しているが，ここでの等量線の勾配は等しく，技術的限界代替率は不変となっている。これに対して，同図(b)は労働節約的技術進歩を

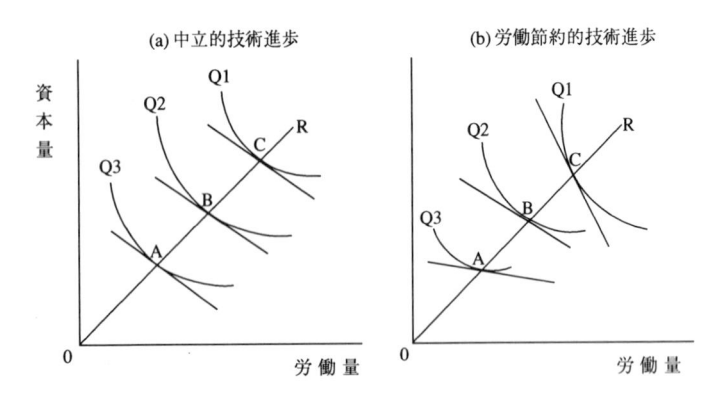

付図8-1 技術進歩と技術的限界代替率

描いたもので，一定の資本・労働投入比率の直線 OR は点A，点B，点Cの3点で等量線Q1，Q2，Q3と接しているが，ここでの等量線の勾配は次第に小さくなり，これは技術的限界代替率が逓減していることを意味する。

そして，これらの技術進歩が所得分配に及ぼす影響については，以下のように説明される。労働・資本投入比率 L/K が一定であることから，分配率を規定する賃金・利潤比率 wL/rK は要素価格比 w/r に依存し，要素価格比=技術的限界代替率であるため，技術進歩の型と分配率の関係は以下の付表8-1に示されるようになる。

付表8-1 技術進歩の型と分配率の関係

	労働分配率	資本分配率
労働節約的，資本使用的	減 少	増 大
資本節約的，労働使用的	増 大	減 少
中立的	不 変	不 変

2) 海運市場において海運企業が売手独占者となった場合にも，船員労働雇用量は減少することになる。

いま，途上国は資本と労働という2つの生産要素をもちいて海運を生産しているとしよう。付図8-2は，横軸に船員労働量，縦軸に船員労働の賃金率(限界価値生産力および限界収入生産力)を測り，限界価値生産力曲線(VMP曲線)と限界収入生産力曲線(MRP曲線)，船員労働の供給曲線(WW')を描いたものである。

そして，海運市場も船員労働市場も完全競争を想定し，資本賦存量を一定とすれば，利潤極大化を目指す資本家は船員労働の限界価値生産力(船員労働の限界生産力×運賃)=船

員賃金率が成立するまで船員労働を需要するため、賃金率が W ならば船員雇用量は L1 となる。この時、VMP 曲線と点 L1 を通る垂線の交点を E とすれば、船員労働の限界価値生産力曲線は船員労働の需要曲線であるため、DEW の面積が資本所得、WEL1O の面積が労働所得となる。

さて、海運企業が海運市場において売手独占者となり、船員労働市場の完全競争の下で利潤極大化を目指すならば、資本家は船員労働の限界収入生産力(船員労働の限界生産力×限界収入)=船員賃金率が成立するように船員労働を需要するため、賃金率が W ならば船員雇用量は L2 となり、海運市場が完全競争の場合と比較して船員雇用量は減少する。なお、船員雇用量を L2 とし、点 L2 を通る垂線と VMP 曲線の交点を B、MRP 曲線との交点を C、点 B から横軸に平行に引かれた直線と縦軸との交点を A とすれば、海運市場が完全競争の場合の船員労働所得は ABL2O の面積で表されるが、不完全競争市場の場合には WCL2O の面積となり、その差となる長方形 ABCW は売手独占的搾取として独占企業の利潤となる。このように、途上国における海運保護政策の下で海運企業が売手独占者となり、途上国の海運市場が不完全競争となって船員雇用量が減少するとすれば、船員の輸出が増加することになる。

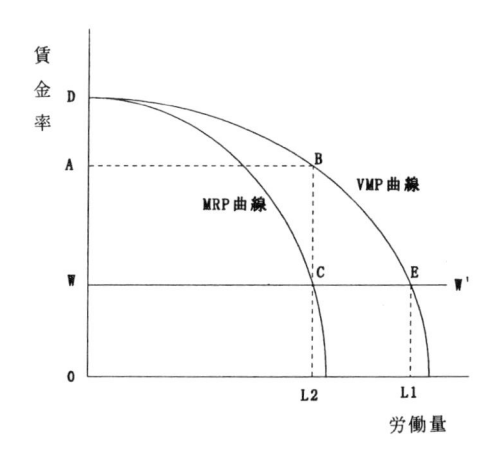

付図8-2 売手独占と船員賃金

3) 要素価格フロンティアとは、資本や労働などの生産要素の価格相互間の関係を示す概念で、マクロの成長理論において利用されることが多い。

いま、海運資本と船員労働という2つの生産要素のうち、船員労働賦存量が固定されており、海運資本賦存量が海運資本の輸出(船舶の便宜置籍)によって減少した場合について検討してみよう。ただし、すべての要素賦存量が生産にもちいられるものとする。

付図 8-3(a)は、横軸に海運資本投入量、縦軸に海運資本の限界価値生産力を測り、海

運資本の限界価値生産力曲線 MM' を描いたもので，資本の限界価値生産力とは資本の限界生産力に生産物価格を乗じたものをいう。また，同図(b)は横軸に船員労働の価格，縦軸に海運資本の価格を測り，価格フロンティア FF' を描いたもので，いま海運資本賦存量を K1 としたときの海運資本の価格を PK1 とすれば，MPK1P1 の面積が船員労働所得となり，それを船員労働量で除した値が船員労働の価格(賃金)PL1 に等しくなる。

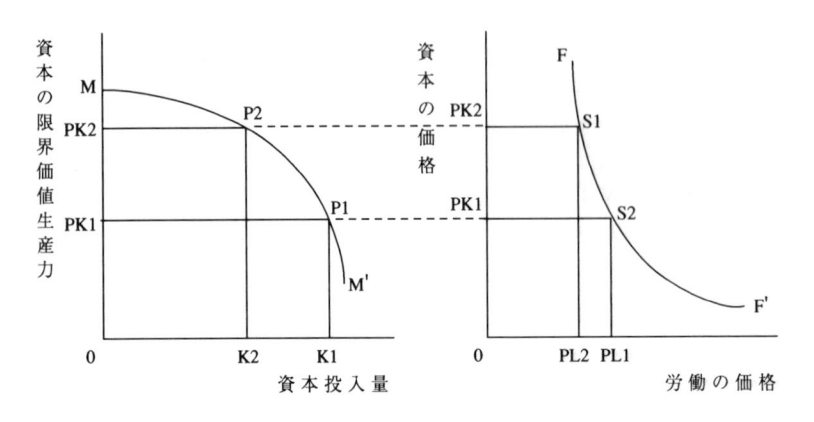

付図8-3　要素価格フロンティアと労働の価格

さて，船舶の便宜置籍によって海運資本賦存量が K2 に減少したとすれば，同図(a)における均衡点は P2 となり，海運資本の価格は PK2 に上昇し，船員労働所得は MPK2P2 へと便宜置籍を行う以前と比較して PK2PK1P1P2 の面積分減少し，定義により船員労働賦存量が固定されているために船員労働の価格は PL2 に低下する。つまり，一般に限界生産力の逓減の法則により，減少する生産要素(ここでは海運資本)の価格は上昇し，相対的に過剰となる生産要素(ここでは船員労働)の価格は低下することになる。

4) 先進国において途上国の労働者を雇用しようとする誘因となるものに，途上国に対する資本の無償供与がある。

いま，先進国は完全競争の下で資本と労働という 2 つの生産要素をもちいて労働集約財である農産品と資本集約財である海運を生産し，各企業が利潤の極大化を図っているとしよう。付図 8-4 は先進国の国民経済を描いたもので，横軸には海運の数量，縦軸には農産品の数量が測られ，曲線 T1T1' を資本の無償供与以前の生産可能性フロンティア，直線 AA' を価格線，曲線 U1U1' を社会的無差別曲線，生産点を点 S1，消費点を点 C1 とすれば，農産品生産量は Y1，農産品消費量は CY1，農産品輸入量は CY1Y1，海運生産量は X1，海運消費量は CX1，海運輸出量は CX1X1 となる。

さて，先進国が一定量の資本を途上国に無償供与し，生産可能性フロンティアが曲線 T1T1'から曲線 T2T2' に縮小し，生産点が点 S1 から点 S2 にシフトし，予算線を直線 AA'

に平行な直線 BB' とすれば，海運生産量は X2 に減少し，海運消費量を不変とすれば消費点は点 C2 にシフトするため海運輸出量が CX1X2 に減少するとともに農産品輸入量も Y2CY2 に減少する。そして，資本が無償で供与され報償がないため，農産品で測った先進国の国民所得は Y 軸上の A から B に減少し，社会的無差別曲線が経済厚生の水準を表すとすれば厚生水準は低下することになる。

この国民所得の減少を補おうとすれば，先進国は途上国から労働者を受け入れることになる。いま，一定量の途上国労働者を受け入れ，生産可能性フロンティアが曲線 T2T2' から曲線 T3T3' に膨張し，海運生産量を不変とすれば生産点が点 S2 から点 S3 にシフトし，予算線が直線 AA' となるため農産品生産量は Y2 から Y3 に増加する。そして，途上国の労働者に賃金を支払わないものとすれば，農産品で測った国民所得は B から A に増加し，経済厚生は途上国に資本を無償で供与する以前の水準に回復することになる。たとえ途上国の労働者に賃金を支払っても，それが自国労働者の賃金よりも安く，あるいは途上国労働者に所得税を課すなら予算線が直線 BB' より上方にシフトするため，途上国への資本の無償供与後に国民所得を増加しようとすれば，自国労働者との賃金格差が小さく，あるいは所得税率が低ければ多くの途上国労働者を受け入れようとする誘因が働くことになる。

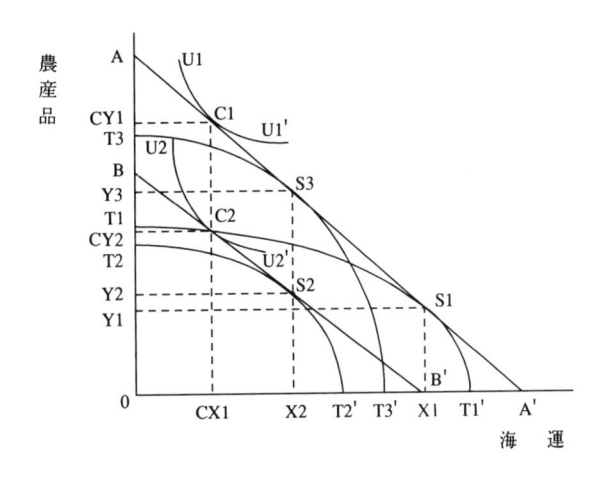

付図8-4　資本の無償供与と外国人船員の雇用促進

【参考文献】

J.R. Hicks, *The Theory of Wages*, 2nd ed., 1963(内田忠寿訳『賃金の理論』東洋経済新報社，1963年)。
荒憲治郎『経済成長論』岩波書店，1969年。
M.R.ソロー『資本・成長・技術進歩』(福岡正夫・神谷伝造・川又邦雄訳)，竹内書店，1970年。

伊藤元重・大山道広『国際貿易』岩波書店，1985年。
伊東正則・武野秀樹・土屋圭造編『ミクロ経済学要論』有斐閣双書，昭和61年。
小田正雄・鈴木克彦・井川一宏・阿部顕三『ベーシック国際経済学』有斐閣ブックス，1989年。
髙田富夫『海運産業の成長分析』晃洋書房，1996年。

第9章　海運自由化の最適性の理論

9・1　資源の効率的配分

(1) 生産要素の効率的配分とパレート最適

　1種類の生産要素の一定量が複数の生産者(国家)の間で，どのように配分されるのが効率的であるのかを考えてみよう。

　いま，完全競争下にある先進国と途上国は海運資本をもちいて海運という1財を生産しているとする。図9-1はOHを先進国の原点，OFを途上国の原点として横軸に海運資本の投入量(賦存量)，縦軸には海運の生産量を測り，両国の生産曲線を描いたもので，曲線OHTPHを先進国の生産曲線，曲線OFTPFを途上国の生産曲線とし，それは点Eで接しているものとする。

　さて，先進国が海運資本をXH1投入し，途上国が海運資本をXF1投入しているとすれば，先進国の海運生産量はOHQH1，途上国の海運生産量はOFQF1，両国の海運生産量を合計すればOHTPとなり，海運資本のこの配分によって最大の海運生産量が得られることになる。

　しかし，先進国の海運資本投入量をXH2，途上国の海運資本投入量をXF2

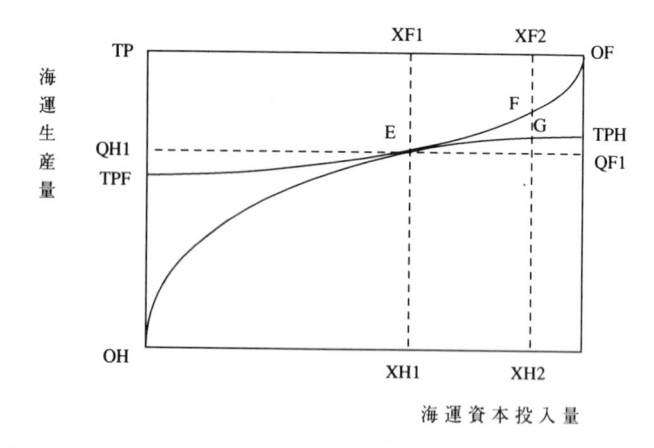

図9-1 海運資本の最適配分

とし，点 XH2 と点 XF2 を結ぶ直線と曲線 OHTPH および曲線 OFTPF との交点をそれぞれ G, F とすれば，先進国の海運生産量は XH2G，途上国の海運生産量は XF2F となり，海運生産量の合計は最大の海運生産量が得られる場合と比較して GF 少なくなる。[1]

したがって，先進国と途上国の生産曲線が点 E で接していることは海運資本が効率的に配分されていることを意味し，点 E はパレート最適点であり，この点で先進国と途上国の海運資本の限界生産力が等しくなる。なお，パレート最適性とは資源配分上の概念で，パレート最適な資源配分とは両国の効用を同時にそれ以上引き上げることができないという意味で，無駄のない効率的な資源配分をいう。

(2) 海運資本と船員労働の効率的配分

海運資本と船員労働という2つの生産要素の効率的な配分についてみてみよう。

いま，完全競争下にある先進国と途上国は海運資本と船員労働という2つの生産要素をもちいて海運という1財を生産しているとする。図 9-2 は OH を先

進国の原点，OF を途上国の原点として横軸に海運資本投入量(賦存量)，縦軸に船員労働投入量(賦存量)を測り，両国の等産出量曲線を描いたもので，曲線 QH1QH1' や曲線 QH2QH2' などが先進国の等産出量曲線，曲線 QF1QF1' や曲線 QF2QF2' などが途上国の等産出量曲線を表しているものとする。

さて，先進国が海運資本を XH1，船員労働を YH1 投入し，途上国が海運資本を XF1，船員労働を YF1 投入するとすれば，先進国の等産出量曲線は点 C を通る曲線 QH2QH2' となり，途上国の等産出量曲線は同じく点 C を通る曲線 QF2QF2' となる。そして，両国間での海運資本や船員労働の輸出入(移動)の自由化によって先進国の海運資本投入量が XH2，船員労働投入量が YH2，途上国の海運資本投入量が XF2，船員労働投入量が YF2 に変化したとすれば，両国の等産出量曲線はそれぞれ点 B で接する曲線 QH3QH3' と曲線 QF3QF3' となる。

したがって，両国における海運資本と船員労働の投入量の組み合わせが点 C から点 B へシフトすれば，海運資本と船員労働が効率的に配分され，両国とも海運生産量を増加することができるため点 B はパレート最適点であり，この点で両国の生産要素間の限界代替率が等しくなる。なお，両国の等産出量曲

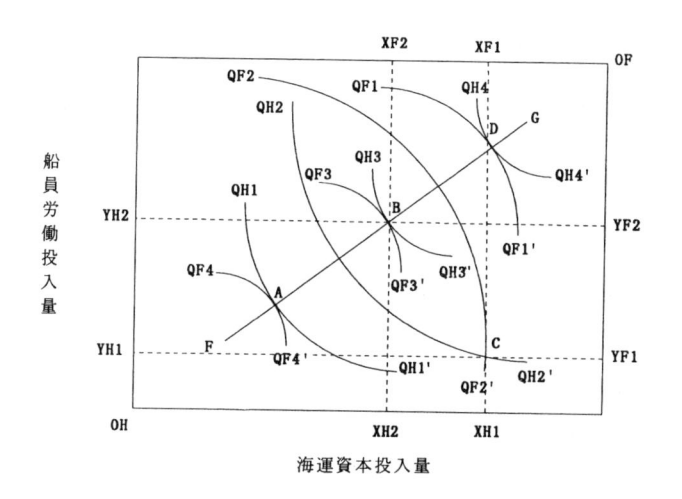

図9-2 海運資本と船員労働の最適配分

線が接する点の軌跡が直線 FG であり，その線上の点 A や点 D もパレート最適点である。

(3) 社会的生産可能性フロンティア

2種類の一定量の生産要素の下での2種類の生産物の効率的な生産量の組み合わせについて考えてみよう。

いま，完全競争下にある先進国と途上国は，資本と労働をもちいて農産品と海運という2財を異なる生産技術の下で生産しているとする。図 9-3 の四角形は先進国の原点を OH，途上国の原点を OF として横軸に海運の数量，縦軸に農産品の数量を測り，それぞれの生産可能性フロンティアを描いたもので，それらは点 S で接しているものとする。

そして，先進国の生産可能性フロンティアを曲線 THTH'，生産点を点 S とすれば，農産品生産量は OHYH，海運生産量は OHXH，途上国の生産可能性フロンティアを曲線 TFTF'，生産点を点 S とすれば，農産品生産量は OFYF，海運生産量は OFXF となり，このとき両国の生産量を合計した世界の農産品生産量は OHY1(=OFX1)，海運生産量は OHX1(=OFY1)となる。

さて，両国の生産可能性フロンティアの接点 S が動けば点 OF も移動し，その点 OF の軌跡が破線で描かれた曲線 TT' で，これを世界生産可能性フロンティアといい，点 OF が世界生産点となる。つまり，図 9-3 は横軸に海運の数量，縦軸に農産品の数量を測り，世界経済を描いたもので，世界生産点を点 OF とすれば世界の農産品生産量は Y1，世界の海運生産量は X1 となり，曲線 TT' 上の点 OF の傾きの絶対値がこの時の世界市場における相対運賃を表す。

なお，世界生産可能性フロンティアは，先進国と途上国という2つの国家の存在を前提としたものであり，国家という枠組みを外して(先進国と途上国を一国として)考えれば，それは最適な生産量の組み合わせを示すとはいえない。なぜなら，いま先進国を資本豊富国，途上国を労働豊富国，海運を資本集約財，農産品を労働集約財とし，先進国の資本・労働投入比率に等しくなるように途

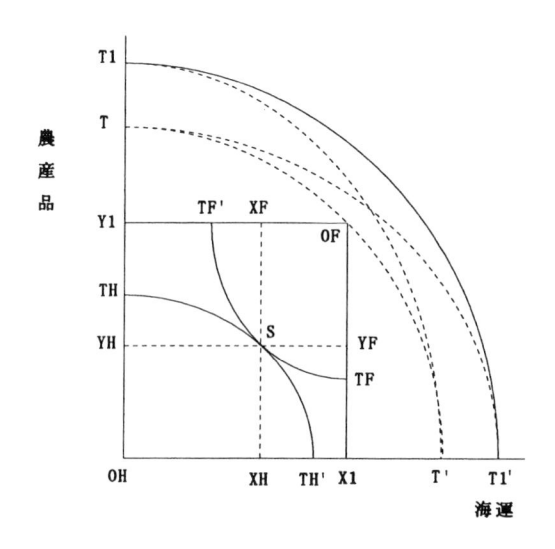

図9-3 農産品と海運の効率的生産量の組み合わせ

上国の全資本と労働を先進国に移転すれば海運の最大生産量は T1' となり，その時の世界生産可能性フロンティアは曲線 TT1' にシフトし，同様に途上国の資本・労働投入比率に等しくなるように先進国の資本と全労働を途上国に移転すれば農産品の最大生産量は T1 となり，その時の世界生産可能性フロンティアは曲線 T1T' にシフトするからである。

したがって，曲線 TT1' と曲線 T1T' を包絡する曲線 T1T1' が，世界的に最適な生産物の組み合わせを描く世界生産可能性フロンティアとなるが，国家という枠組みが存在し，競争的均衡が市場における価格の需給調節機能によって達成される限り，曲線 TT' が次善的な世界生産可能性フロンティアとなる。

(4) 競争的均衡と資源配分

2種類の一定量の生産要素の下で生産された2種類の生産物の効率的な消費量の組み合わせについてみておこう。

いま，完全競争下にある先進国と途上国は，資本と労働をもちいて労働集約

財である農産品と資本集約財である海運という2財を同一の生産技術の下で生産し消費しているとする。

図9-4は横軸に海運の数量，縦軸に農産品の数量を測り，次善的な世界生産可能性フロンティア TT を描いたもので，同図の四角形 Y1OHX1OF には先進国の原点を OH，途上国の原点を OF として，それぞれの生産可能性フロンティアとそれぞれの社会的無差別曲線を描き，両国の生産可能性フロンティアは点 S で接し，両国の社会的無差別曲線は点 C で接しているものとする。

そして，曲線 THTH' を先進国の生産可能性フロンティア，直線 Y1B' を価格線(予算線)，曲線 UH を社会的無差別曲線，点 S を生産点，点 C を消費点とすれば，農産品生産量は OHYH，その消費量は OHYCH，海運生産量は OHXH，その消費量は OHXCH となり，先進国は YHYCH の農産品を輸入し，XCHXH の海運を輸出することになる。また，曲線 TFTF' を途上国の生産可能性フロンティア，直線 Y1B' を価格線(予算線)，曲線 UF を社会的無差別曲線，点 S を生産点，点 C を消費点とすれば，農産品生産量は OFYF，その消費量は OFYCF，海運生産量は OFXF，その消費量は OFXCF となり，途上国は YCFYF の農産品を輸出し，XFXCF の海運を輸入することになる。

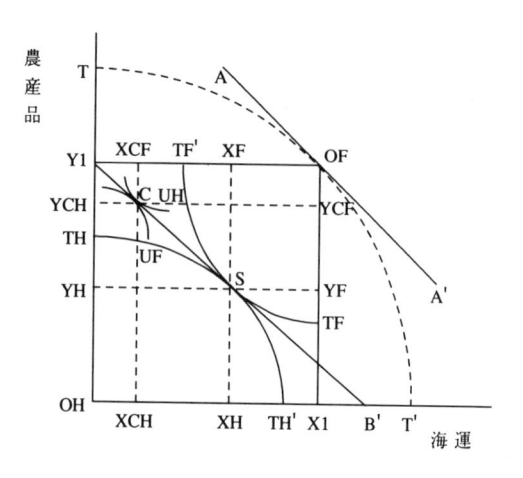

図9-4 農産品と海運の効率的消費量の組み合わせ

そのため，先進国の農産品輸入量 YHYCH は途上国の農産品輸出量に等しく，先進国の海運輸出量 XCHXH は途上国の海運輸入量に等しく，世界(両国)の農産品消費量は Y1，海運消費量は X1 となる。したがって，世界消費点は次善的な世界生産可能性フロンティア TT' 上の点 OF(曲線 TT' と直線 Y1B' に平行な直線 AA' との接点)となり，またそれは世界生産点でもあるため，先進国と途上国という国家の枠組みが存在し，直線 Y1B' という価格線(予算線)に表現される農産品と海運の価格(運賃)の下での競争的均衡において生産=消費という関係が保たれていることになる。

9・2　海運自由化の最適性

(1) 海運の自由化と海運の最適消費

　海運資本の輸出入の自由化や外国人船員の雇用の自由化など海運の自由化が，国際海運経済にとってどのような意味で望ましいかを検討してみよう。
　いま，完全競争下にある先進国と途上国の両国は資本と労働をもちいて農産品と海運という2財を生産しているとする。
　図 9-5 は，OH を先進国の原点，OF を途上国の原点として横軸に海運の世界生産量，縦軸に農産品の世界生産量を測り，2国間の国際分業における農産品と海運の生産量の組み合わせを描いたもので，生産点が点 S で示されるとすれば先進国の海運生産量は OHX1，農産品生産量は OHY1，途上国の海運生産量は OFX1'，農産品生産量は OFY1' となる。
　なお，生産点が左隅の点 O にあるときは，先進国が海運の生産に特化し，途上国が農産品の生産に特化した場合であり，このとき先進国の海運生産量は OHO，途上国の農産品生産量は OFO となる。
　さて，先進国における運賃を F，農産品の価格を P とすれば，先進国が直面する相対運賃は F/P となり，傾きが F/P で点 S を通る直線 AA' が先進国の予算

線として与えられ，OH を原点とする曲線 U1U1' を先進国の社会的無差別曲線とすれば，先進国の最適消費点は点 C1 となり，このとき先進国は Y1S(=OHX1)の海運を生産し，国内で Y1D を消費し，残り DS の輸出を望み，他方，X1S(=OHY1)の農産品を生産し，X1S+DC1 を消費するため不足する DC1 の農産品の輸入を望むことになる。

そして，先進国の相対運賃が変化し，点 S を通る直線 BB' の傾きがその相対運賃に等しく，社会的無差別曲線を曲線 U2U2' とすれば，最適消費点は点 C2 となり，点 C2 から横軸に向けて引かれた垂線と直線 Y1Y1' の交点を F とすれば，このとき先進国は FS の海運の輸出を望み，FC2 の農産品の輸入を望むことになる。なお，一般的には価格が変化すれば生産点 S も変化するために，消費の変化だけではなく生産の変化も考慮に入れる必要があるが，議論の本質が変わらないために，ここでは生産点は変化しないものとしてある。

このように，点 S を原点と考えて最適消費点を結んだ曲線 JHJH' が先進国のオファー曲線であり，同様に OF を原点として途上国の最適消費点を結んだ曲

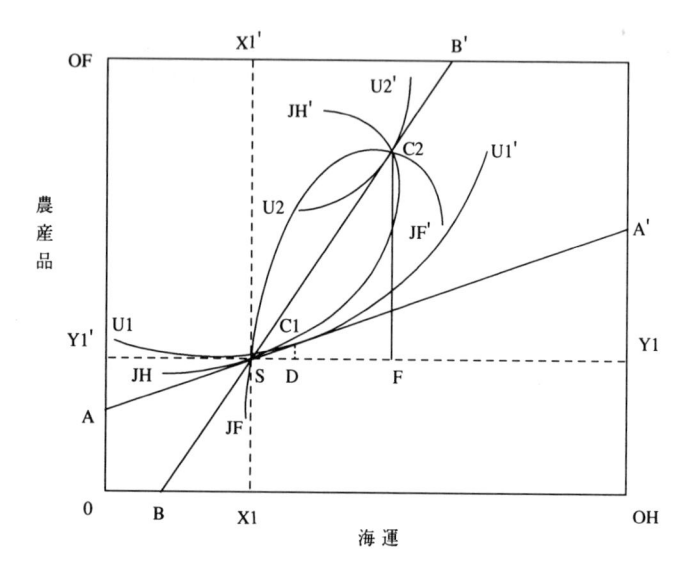

図9-5 世界の生産量とボックス・ダイアグラム

線 JFJF' が途上国のオファー曲線である。なお，オファー曲線とは貿易収支を均衡させるような輸出供給量・輸入需要量と相対価格の関係を表したものである。

(2) 海運自由化均衡と均衡相対運賃

海運自由化均衡とは，いま各国において海運と農産品という2財が生産されているとすれば，海運自由化の下で世界市場において海運と農産品の需要と供給が一致するような状態であり，ここでは海運自由化均衡を達成するような相対運賃について考えてみよう。

いま，完全競争下にある先進国と途上国の両国は資本と労働をもちいて農産品と海運という2財を生産しているとする。

図9-6 は OH を先進国の原点，OF を途上国の原点とし，横軸に海運の世界生産量，縦軸に農産品の世界生産量を測り，点 S を農産品と海運の生産量の組み合わせを示す生産点とし，先進国のオファー曲線 JHJH' と途上国のオファー曲線 JFJF' を描いたもので，両オファー曲線の交点を F とし，点 F と点 S

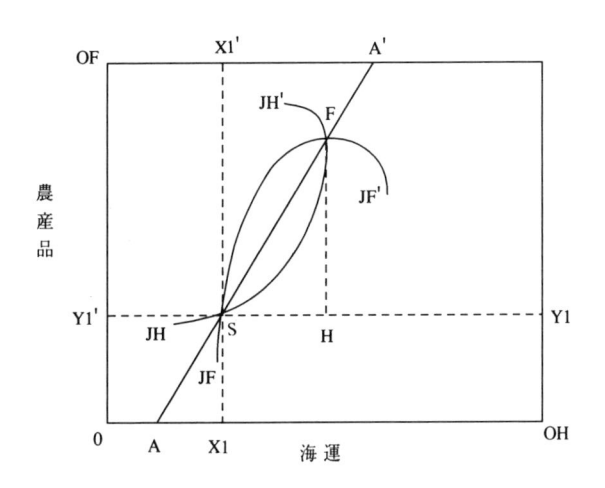

図9-6 オファー曲線と相対運賃

を通る直線を直線 AA' としている。

そして，相対運賃が直線 AA' の傾きに等しいとき，先進国は HS の海運を輸出し，途上国はそれと同量の海運を輸入するため世界海運市場で需給が一致する。同様に，途上国は FH の農産品を輸出し，先進国はそれと同量の農産品を輸入するため農産品の世界市場でも需給が一致する。つまり，両国のオファー曲線が交わる点 F が海運自由化均衡点であり，点 S と点 F を結ぶ直線の傾きが海運自由化時の均衡相対運賃となる。

このことは，海運と農産品の総量を一定とした場合，予算線と社会的無差別曲線の接点である最適消費点を結んだ両国のオファー曲線の交点 F では，社会的無差別曲線の傾きによって表される海運と農産品の限界効用の比が両国で等しいことを意味している。つまり，先進国の海運の限界効用を HMUS，農産品の限界効用を HMUA，運賃を F，農産品の価格を P とすれば

$$HMUS/HMUA=F/P$$

と表せ，同様に途上国についても海運の限界効用を FMUS，農産品の限界効用を FMUA，運賃を F，農産品の価格を P とすれば

$$FMUS/FMUA=F/P$$

となり，ゆえに点 F では

$$HMUS/HMUA=FMUS/FMUA$$

となり，両国の海運と農産品の限界効用の比が等しくなる。

(3) 海運自由化とパレート最適性

海運資本の輸出入の自由化や外国人船員の雇用の自由化など海運自由化とパレート最適の関係についてみてみよう。

いま，完全競争下にある先進国と途上国の両国は資本と労働をもちいて農産品と海運という2財を生産しているとする。

図 9-7 は，横軸に海運の世界生産量，縦軸に農産品の世界生産量を測り，海運自由化均衡がパレート最適であることを描いたもので，OH を先進国の原点，

OF を途上国の原点とし，農産品と海運の生産量の組み合わせを示す生産点を点 S，曲線 JHJH' を先進国のオファー曲線，曲線 JFJF' を途上国のオファー曲線，その交点を F，点 OH を原点とした先進国の社会的無差別曲線を曲線 U1U1'，曲線 U2U2' および曲線 U3U3'，点 OF を原点とした途上国の社会的無差別曲線を曲線 W1W1'，曲線 W2W2' および曲線 W3W3' とすれば，曲線 OHEFGOF は両国の社会的無差別曲線の接する点(点 E，点 F，点 G)の軌跡を表し，この曲線は契約曲線と呼ばれ，この曲線上の資源配分はすべてパレート最適となり，言い換えれば契約曲線は最適な効用の組み合わせを表している。

そして，オファー曲線の定義から，両国のオファー曲線の交点である海運自由化均衡点 F もこの契約曲線上にあるため，海運自由化均衡はパレート最適である。したがって，海運自由化は資源配分に無駄がないという効率性の観点から望ましいものであるが，それは分配の公平さとは無関係である。

また，パレート最適を満たすような市場形態が完全競争市場であることは言うまでもないが，完全競争市場においても市場の欠陥あるいは市場の失敗と呼ばれるところのパレート最適が実現し得ない事情がいくつか伏在している。

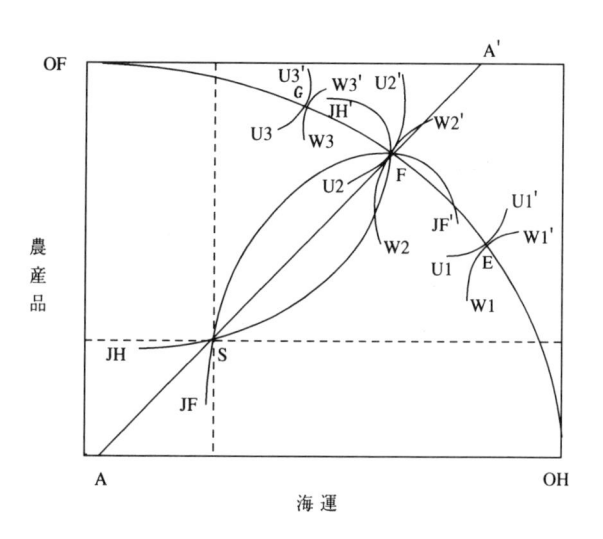

図9-7 パレート最適性と契約曲線

9・3　海運における完全競争と市場の失敗

(1) 競争的均衡と独占的均衡

　市場機構によってパレート最適な資源配分が達成されない場合を狭義の「市場の失敗」といい，その典型的な例として市場機構のなかに独占海運企業や寡占海運企業が出現した場合があげられることが多い。この市場の失敗について検討する前に，まず競争的均衡と独占的均衡についてみておこう。

　いま，海運が市場において取り引きされる様子つまり海運市場を描こうとすれば，それは図 9-8 に示されるように，横軸に海運の需給量，縦軸に運賃・費用を測り，需要曲線 DD' と屈折した供給曲線 SS'，それに限界収入曲線 DR を描けばよい。

　さて，海運市場の特殊性を考慮せず，一般論的に説明すると，競争市場における均衡は点 A で達成され，均衡運賃を F1，均衡数量を Q1 とすれば，消費者余剰は三角形 DAF1 の面積，生産者余剰は三角形 F1AS の面積によって表され，この生産者余剰と消費者余剰を合わせた三角形 DAS の面積が総余剰となる。

　他方，独占的均衡は供給曲線と限界収入曲線の交点 B で達成され，独占均

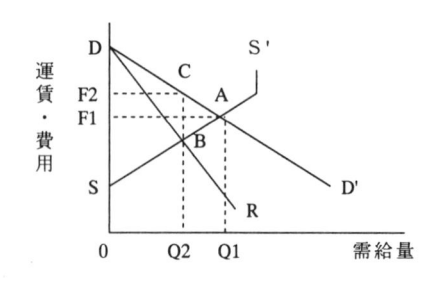

図9-8　競争的均衡と独占的均衡における総余剰

衡運賃をF2，独占均衡数量をQ2とすれば，消費者余剰は三角形DCF2の面積，生産者余剰は四角形F2CBSの面積によって表され，総余剰は四角形DCBSの面積となる。

そして，総余剰は競争的均衡の方が独占的均衡よりも三角形CABの面積分大きく，したがって総余剰の大きさが経済的厚生の水準あるいは国民所得を表すものとすれば，独占的均衡よりも競争的均衡の方が好ましいといえる。

(2) 独占海運企業の出現

市場の失敗の典型的な例は，上述のように市場機構のなかに独占海運企業や寡占海運企業が出現した場合であり，これについて検討してみよう。

さて，完全競争企業の利潤最大化条件は価格=限界費用であるが，供給独占企業のそれは限界収入=限界費用であり，財やサービスに対する需要曲線は一般に右下がりであるため限界収入は価格よりも小さく，したがって上の図9-8に示されたように供給独占企業では価格>限界費用となっていることに留意しておこう。

いま，途上国では資本と労働をもちいて農産品と海運という2財が生産され，海運生産部門では独占企業が存在しているとしよう。図9-9は横軸に農産品の数量，縦軸に海運の数量を測り，その途上国の国民経済を描いたもので，曲線TTを生産可能性フロンティア，直線AA'の傾きが農産品の相対価格に負の符号を付けたもの等しいとすれば，海運生産部門に独占企業が存在する市場機構での生産点は点S1となり，そこでは農産品生産量はX1，海運生産量はY1となる。なお，農産品の価格をP，運賃をF，農産品の限界費用をMCA，海運の限界費用をMCSとすれば，生産可能性フロンティアの傾きの絶対値は農産品と海運の限界代替率(限界費用の比)を表すために，点S1はP/F<MCA/MCSとなる。

そして，両部門がともに完全競争であり，パレート最適な資源配分が行われ，直線BB'の傾きが農産品の相対価格に負の符号を付けたもの等しく，点S2を

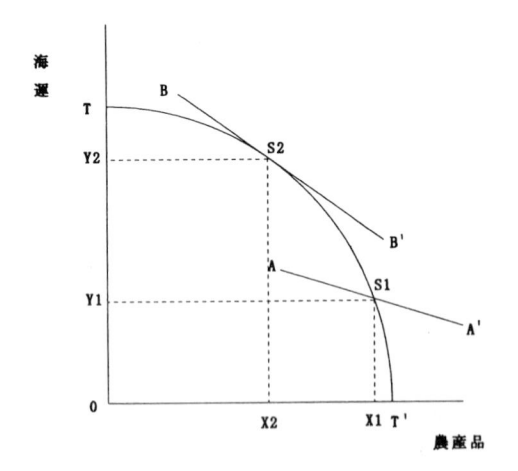

図9-9 海運における独占と市場の失敗

生産点とすれば農産品生産量は X2,海運生産量は Y2 となり,点 S2 では P/F=MCA/MCS が成立する。

このように,社会的に最適な生産量と比較して,海運生産部門に独占企業が存在する市場機構の下では競争的な農産品は過大生産され,独占的な海運は過小生産されることになる。

(3) 海運同盟と抜け駆けの利益

海運同盟(カルテル)が結成されている場合も市場機構によってパレート最適な資源配分が達成されないことがあり,それは市場の失敗の一つの例としてあげることができる。

いま,異なる費用構造をもつA海運企業とB海運企業によって海運同盟が結成され,同盟運賃(独占運賃)が設定されているとしよう。

図 9-10 は,A 海運企業と B 海運企業の費用構造と海運同盟にとっての世界海運市場を描いたもので,それぞれの横軸には数量,縦軸には運賃・費用が測られている。直線 MCa は A 海運企業の限界費用曲線,直線 MCb は B 海運企業の限界費用曲線,直線 MCc は両企業の限界費用曲線を合わせた海運同盟の

限界費用曲線，直線 MRc は海運同盟の限界収入曲線，直線 DD' は世界海運市場における需要曲線を表しているものとする。この時，海運同盟が利潤極大化を図れば同盟運賃は F に設定され，海運生産量は A 海運企業では Qa，B 海運企業では Qb となる。

なお，海運同盟が結成されているとしても同盟運賃(独占運賃)が設定されていなければ，運賃は F'，全海運生産量は Qc' となり，それは同盟運賃が設定されている場合の全海運生産量 Qc より多く，そのため海運同盟が存在する市場機構の下では海運は過小生産されることになる。

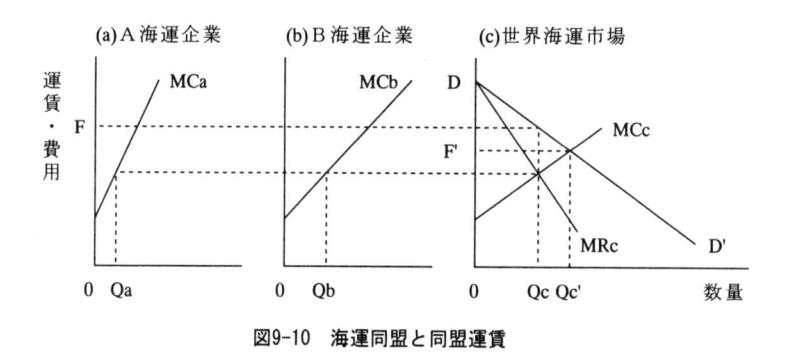

図9-10　海運同盟と同盟運賃

また，図 9-11 は横軸に海運の数量，縦軸に運賃・費用を測り，B 海運企業の費用構造を再現したもので，直線 DbDb' を需要曲線，直線 MCb を限界費用曲線，直線 MRb を限界収入曲線とし，B 海運企業が海運同盟を脱会して独自の独占的運賃政策を採用したとすれば，運賃は Fb，海運生産量は Qb' となり，

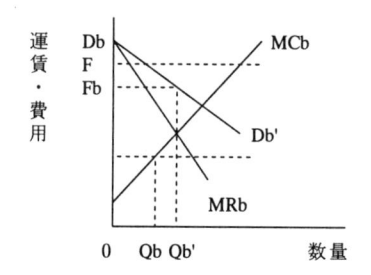

図9-11　海運同盟の矛盾と抜け駆け運賃

同盟に加入している場合よりも独占運賃が低くなり，海運生産量も多くなる。つまり，A海運企業に比して安い費用水準を有する効率的生産者であるB海運企業にとっては同盟を脱会することによって抜け駆けの利益を獲得することができるため，それが海運同盟の内部矛盾となり，同盟の存続に重大な影響を及ぼすこともある。

(4) 外部経済と外部不経済

市場の失敗は，財やサービスの生産や消費に外部効果が発生する場合にも起こることは知られている。なお，外部効果とはある経済主体の行動が他の経済主体に対して市場を経由することなく(つまり対価の支払いや受け取りを伴うことなく)，有益または有害な影響を与えることをいい，有益な影響が生ずる場合には外部経済が存在し，有害な影響が生ずる場合には外部不経済が存在するという。

そして，一般に企業が費用計算を行う場合には，市場取引を通じて実際に支払った費用のみを問題とするため，企業が実際に支払った生産費から算出される限界費用は私的限界費用である。しかし，外部不経済が存在する場合には，企業が負担しない費用が外部に発生し，この外部費用も企業の生産量の増加とともに加速度的に増加するため，外部限界費用も逓増的と考えられる。したがって，外部不経済が存在する場合の企業の生産活動に伴う限界費用は，私的限界費用と外部限界費用の合計となり，それが社会的限界費用と呼ばれている。

さて，図9-12は完全競争下にある途上国の国内海運市場を描いたもので，横軸には海運の数量，縦軸には運賃・費用が測られ，直線 DD' は需要曲線，直線 PSPS' は私的供給曲線，直線 SSSS' は社会的供給曲線を表しているものとする。

いま，海運の生産においては外部不経済が存在するにもかかわらず，私的供給曲線によって市場均衡点を求めれば点 A なり，市場均衡運賃は F，市場均衡数量は Q1 となるが，これは社会的な最適点ではない。そのため，何らかの政策によって均衡数量を Q1 から Q2 に減少し，運賃を F から R に引き上げて

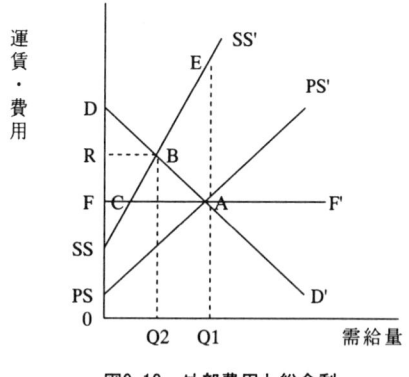

図9-12　外部費用と総余剰

均衡点が点 A から点 B に移行すれば，社会的総便益は台形 AQ1Q2B の面積分減少するが，社会的総費用が台形 EQ1Q2B の面積分減少するため，便益(余剰)は三角形 EAB の面積分増加することになる。[2]

また，外部不経済の存在が経済的な海運保護理論の一つの根拠とされることがあり，いま閉鎖経済下にある途上国の総余剰を社会的限界費用で測れば三角形 DBSS の面積となる。そして，途上国が海運を自由化すれば(図 9-12 の直線 FF' を先進国船の供給曲線とする)，総余剰は四角形 DACSS の面積となり，三角形 BAC の面積分増加するため，外部不経済の存在を根拠とした海運の非自由化は海運の自由化と比較すれば一国の利益を減少させることになる。つまり，外部不経済の存在を根拠とした海運の非自由化は一国の利益を減少させるという意味において政府の失敗ということができる。

【注】
1) 生産曲線をもちいて，途上国における海運の発展が先進国に及ぼす影響について説明しよう。
　　いま，完全競争下にある先進国と途上国は海運資本をもちいて海運を生産しているとし，付図 9-1 は OH を先進国の原点，OF を途上国の原点として横軸に海運資本の投入量(賦存量)，縦軸に海運生産量を測り，両国の生産曲線を描いたもので，曲線 OHTPH を先進国の生産曲線，曲線 OFTPF1 を途上国の生産曲線とし，曲線 OHTPH と曲線 OFTPF1 は点 E で連続しているものとする。そして，先進国が海運資本を OHXH1 投入し，途上国が海運資本を OFXF1 投入すとすれば，先進国の海運生産量は OHQH1，途上国の海

運生産量は OFQF1,両国の海運生産量を合計すれば OHTP となり,ここでは海運資本のこの配分によって最大の海運生産量が得られていることになる。

しかし,途上国における海運の発展によってその生産曲線が曲線 OFTPF1 から曲線 OFTPF2 にシフトし,海運資本投入量が OFXF1 から OFXF2 に増加すれば,途上国の海運生産量は OFQF2 となる。そして,点 XF2 から下に向けて引かれた垂線と曲線 OHTPH および曲線 OFTPF2 の交点をそれぞれ F, G とし,先進国の海運資本投入量(生産量)と両国の海運消費量を不変とすれば,GF が過剰生産量となるばかりか,途上国が積荷割当制などによって積荷を自国船に留保すれば,過剰生産による過当競争が先進国の海運において発生することになる。また,海運資本の効率的配分を達成しようとすれば,途上国の海運資本投入量が OFXF2 となった場合には先進国は海運資本投入量を OHXH1 から OHXH2 まで減少しなければならなくなる。

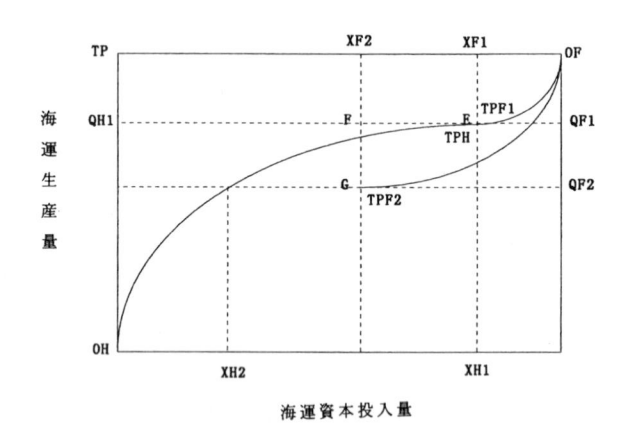

付図 9-1 海運資本の非最適配分と過剰生産

2) 外部不経済が存在する場合,政府が適切な課税政策や補助金政策を実施すれば,パレート最適な資源配分を達成することができ,それは以下のように説明される。

付図 9-2 は,横軸に数量,縦軸に運賃・費用を測り,完全競争下にある先進国の国内タンカー輸送市場を描いたもので,直線 DD' は需要曲線,直線 PSPS' は私的供給曲線,直線 SSSS' は社会的供給曲線を表し,議論を平易にするために曲線 SSSS' は曲線 PSPS' に平行に引かれたものとする。

いま,タンクの洗浄に伴う海洋汚染という外部不経済が存在するにもかかわらず,市場機構に任せておけば均衡数量が Q1 となるため,タンカーに EB/Q2B の税率で環境税(仮称)を課税し,本来の私的限界費用に環境税を上乗せした限界費用が社会的限界費用に等しいものとすれば,利潤を極大化するときの生産量は需要曲線と社会的供給曲線の交点によって決まるために Q2 となる。

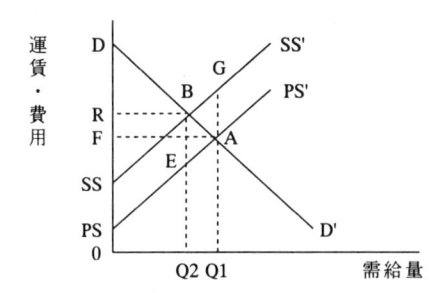

付図9-2 外部効果と課税・補助金政策

また，社会的限界費用を基準とし，生産量を1単位減少するごとに EB(=PSSS)の補助金がタンカーに支給されるものとすれば，生産量を Q1 から Q2 に減少することによって収入は三角形 BAE の面積分減少するものの補助金収入が四角形 GAEB の面積に等しく，収入は三角形 GAB の面積分増加することになり，そのため補助金収入を含む利潤を極大化するときの生産量は Q2 となる。

【参考文献】

F. Bator, "Simple Analytics of Welfare Maximization", *American Economic Review*, Mar. 1957.
F. Bator, "The Anatomy of Market Failure", *Quarterly Journal of Economics*, Aug. 1958.
篠原三代平・林英夫・宮崎義一編『価格の理論』(「近代経済学講座」第3巻) 有斐閣, 昭和36年。
根岸隆『価格と配分の理論』東洋経済新報社, 1965年。
熊谷尚夫『厚生経済学の基礎理論』東洋経済新報社, 1967年。
今井賢一・宇沢弘文・小宮隆太郎・根岸隆・村上泰亮『価格理論II』岩波書店, 1971年。
C.P.Kindleberger and P.H.Lindert, *International Economics*, 7th ed.,R.D.Irwin, 1982 (相原光・緒田原涓一・志田明訳『国際経済学』第6版, 評論社, 1983年)。
小宮隆太郎・天野明弘『国際経済学』岩波書店, 1972年。
中西健一・平井都士夫編『新版交通概論』有斐閣双書, 昭和57年。
奥野正寛・鈴木興太郎『ミクロ経済学I』岩波書店, 1985年。
伊藤元重・大山道広『国際貿易』岩波書店, 1985年。
伊東正則・武野秀樹・土屋圭造編『ミクロ経済学要論』有斐閣双書, 昭和61年。
荒憲治郎・福岡正夫編『経済学』有斐閣双書, 昭和63年。
小田正雄・鈴木克彦・井川一宏・阿部顕三『ベーシック国際経済学』有斐閣ブックス, 1989年。
J.J. Evans and P.B. Marlow, *Quantitative Methods in Maritime Economics*, Fairplay Publications, 1990.
吉田茂・髙橋望『国際交通論』世界思想社, 1995年。
奥野正寛『ミクロ経済学入門』日経文庫, 1998年。

あとがき

　本書は，ミクロ経済学や国際経済学において共通の財産となっている静学的な諸理論や手法をもちいて，船舶の便宜置籍や外国人船員の雇用など現代の国際海運における諸問題の理論計量経済学的なアプローチによる解明と解説を試みたが，紙幅の制約により本書で取りあげることができなかった問題や，また能力の限界などによって不確実性の問題など本書において論究できなかったものも多く残されている。

　これらについては，マクロ経済学をベースとした海運産業論や内航海運論の体系化とともに今後研究をすすめ，あわせて本書の内容を一層精緻化していきたい。

　最後に，日本の外航海運業が「空洞化」あるいは「真空化」の状態に向かいつつあり，外航海運関係の書物の出版事情が非常に厳しい中で，本書の出版を快くお引き受けいただいた海文堂出版株式会社と，編集や校正に際して大変お世話になった編集部の諸氏に心から感謝申し上げる。

　なお，本書を構成する各章あるいは各節の初出論文を以下に記しておくが，それらは本書では大幅に加筆修正等されていることをお断りしておく。

「フラッギング・アウトと外国人船員の雇用」『海外海事研究』No.117，1992年11月。

「国旗差別政策の経済政策的意義」『海外海事研究』No.121，1993年11月。

「海運保護政策の問題点と海運自由化の最適性」『海外海事研究』No.125，1994年11月。

「貿易量と海運需要量の決定－国際海運経済学(1)－」『海事産業研究所報』No.391, 1999年1月。

「海運需要と自国海運の育成の理論－国際海運経済学(2)－」『海事産業研究所報』No.393, 1999年3月。

「海運供給量の決定と規模の経済性－国際海運経済学(3)－」『海事産業研究所報』No.395, 1999年5月。

「海運保護政策の理論－国際海運経済学(4)－」『海事産業研究所報』No.397, 1999年7月。

「便宜置籍船と海運資本輸出の理論－国際海運経済学(5)－」『海事産業研究所報』No.399, 1999年9月。

「日本籍船問題をめぐる外航海運政策の理論的検証」『海事交通研究』第49集, 平成12年10月。

索　引

[い]
一般均衡分析　35

[う]
売手独占者　180
売手独占的搾取　181
運航費　8
運航補助金政策　77
運賃　6
運賃水準　8
運賃の相対価格　47
運賃の低下　7,74
運賃優位性　114

[え]
営利原則　164
MRP曲線　180
エンゲル曲線　80

[お]
オイラーの定理　135
オファー曲線　31

[か]
海運業　47
海運供給曲線　18
海運供給量　57
海運市場　6
海運資本使用的技術進歩　163
海運資本所得　120
海運資本の限界生産力　141
海運資本の輸出規制　122

海運資本の輸出入　120
海運資本の輸出入の自由化　191
海運資本賦存量　50,117
海運資本輸出規制　152
海運資本輸出における限界費用曲線　123
海運資本輸出における平均収入曲線　123
海運自由化　193
海運自由化均衡　193
海運自由化均衡点　194
海運需要曲線　18
海運需要量　57
海運同盟　58,198
海運の価格　47
海運の国際取引　58
海運の自由化　191
海運の輸出　46
海運の輸入　97
海運保護理論　201
海運輸出国　58
海運輸入国　58
海外出稼ぎ　137
海外労働所得　141
外航　47
外国人船員雇用規制　152
外国人船員の雇用　139
外国人船員の雇用規制　142
外国人船員の雇用の自由化　191
海上輸送距離　2
外部経済　200
外部限界費用　200
外部効果　200

外部不経済　200
価格線　35
価格弾力性　93
価格の需給調節機能　189
価格フロンティア　182
過剰資本　103
過剰労働量　100
課税政策　122,151
可変費　10
為替　13
間接船費　10
完全競争　6
完全競争市場　4
完全雇用　51,98
完全特化　70

[き]

期間雇用　10
技術　35
技術進歩　161
技術進歩率　162
技術的限界代替率　134,179
規模に関して収穫一定　69
規模に関して収穫逓減　134
規模に関して収穫逓増　133
規模に関して収穫不変　133
規模に関する収穫性　134
規模の経済性　67
給与曲線　11
供給　2
競争的均衡　189,196
距離　2
均衡運賃　6
均衡価格　4
均衡価格差　18
均衡数量　4
均衡相対運賃　194
均衡相対価格　71

[け]

経済厚生　78
経済主体　15
係船　8
係船点　9
係船費　8
契約曲線　195
限界価値生産力　180
限界価値生産力曲線　128,180
限界効用　194
限界支出曲線　146
限界収入　96
限界収入曲線　50
限界収入生産力　180
限界収入生産力曲線　180
限界生産物　150
限界生産力　117
限界生産力曲線　117
限界生産力逓減の法則　157
限界代替率　74,187
限界費用　96
限界費用曲線　51
建造補助金　92
減速航海　10

[こ]

航海費用　8
交換比率　38
厚生水準　65
効用　35
合理的行動　9
港湾荷役　6
国際移動の自由化　137
国際海運市場　2
国際競争力　170
国際取引均衡　73
国際要素移動モデル　117
国内移動性　169

索 引　209

国内均衡運賃　48
国内市場　17
国内生産　41,120
国内投資収益　120
国内分配　16,129
国内労働所得　141
国民経済　38
国民所得　44
固定給　11
固定費　10
混乗　168

[さ]

在庫　5
最大支払運賃　18
最適課税政策　146
最適課税率　146
最適消費点　80,192
最適輸出量　124
差別課徴政策　82
差別的な運賃　50
三国間市場　50
三国間輸送　46

[し]

時間　2
自国海運の育成　77
自国海運の保護　88
自国船育成効果　78
自国船の使用抑制効果　89
自国船の保護・育成効果　84
支出国民所得　44
市場　2
市場機構　199
市場均衡運賃　200
市場均衡数量　200
市場均衡点　200
市場合理性　114
市場の欠陥　195

市場の失敗　195
次善的な世界生産可能性フロンティア　191
実質国民所得　86
私的供給曲線　200
私的限界費用　200
資本および労働の移動の自由化の利益　152
資本集約財　97
資本集約的　52
資本設備　5
資本節約的技術進歩　179
資本節約的・労働使用的な技術　100
資本投入係数　51
資本投入量　51,99
資本と労働の産業間の移動　101
資本と労働の輸出入　106
資本の限界生産力　117
資本の生産性　75
資本の賃貸料　99
資本の貿易　110
資本の報酬　102
資本の無償供与　182
資本の輸出入　99
資本のレンタル　76
資本賦存量　51,100
資本輸出　106
資本・労働投入比率　52,99
資本・労働投入量　99
社会的供給曲線　200
社会的限界費用　200
社会的総費用　201
社会的総便益　201
社会的な最適点　200
社会的無差別曲線　35
収穫逓減の法則　157
自由化の利益　118
終身雇用　10
収入曲線　8
自由貿易　14

自由貿易均衡価格　14
自由放任　119
自由放任政策　124
需要　2
消費者余剰　15
消費点　36
消費点の軌跡　53
商品流通　1
職員　170
職員の派遣　174
所得効果　74
所得分配効果　127

[せ]

生産額曲線　11
生産可能性曲線　69
生産可能性フロンティア　35
生産関数　133
生産技術　51,161
生産曲線　185
生産原単位　7
生産者余剰　15
生産点　36
生産要素　51
政府の失敗　201
政府余剰　83
世界運賃　57
世界海運市場　57
世界海運市場における優位性　113
世界価格　13
世界市場　13
世界消費点　191
世界生産可能性フロンティア　188
世界生産点　188
世界相対運賃　110
船員賃金　139
船員賃金の上昇　164
船員の技術的失業・過剰　164
船員の国際移動　137

船員の労働生産性　161
船員費　10
船員労働市場　163
船員労働所得　120
船員労働節約的技術進歩　163
船員労働の限界生産力　138,141
船員労働賦存量　131
選好　74
船舶　161
船費　8
船腹量　18

[そ]

相互需要曲線　32
相対運賃　47
相対価格　31
総余剰　15
即時財　10
速力　2
損益分岐点　8

[た]

対外投資利益　105
代替効果　74
単位費用関数　114
短期　5
短期移民　137

[ち]

中立的技術進歩　179
超過供給　14
超過供給曲線　14
超過需要　14
超過需要曲線　14
長期契約　8
直角双曲線　31
直接船費　10
賃金・利潤比率　180
賃金率　114,180

[つ]

積荷割当政策　88

[て]

定期用船　106

[と]

等産出量曲線　116,134
等費用線　134,164
同盟運賃　198
等量曲線　164
特殊的生産要素　127
独占　46
独占運賃　95
独占企業　181
独占体　95
独占的均衡　196
独占理論　125
特化　68

[な]

内航　47

[ぬ]

抜け駆けの利益　200

[ね]

年功序列型賃金　11

[の]

乗組員　169

[は]

派生的需要　7
パートカーゴ　10
パレート最適　194
パレート最適性　186
パレート最適点　186

[ひ]

非自由化政策　125
費用最小　65
費用最小化　75

[ふ]

VMP曲線　180
部員　170
不完全競争市場　181
不完全雇用　104
物理的限界生産量　6
部分均衡分析　14
不変費　10
不利用能力　7
分配率　180

[へ]

平均支出曲線　145
平均費用　114
閉鎖経済　13
便宜置籍　103
便宜置籍国　110
変動費　10

[ほ]

貿易規模　46
貿易収支の均衡　37,38,111
貿易の均衡　81
保護政策　59
補助金のダイバージョン　93
本源的需要　7

[ま]

マーシャル曲線　32

[む]

無差別曲線　11
無駄のない効率的な資源配分　186

[も]

モラル・ハザード　11

[ゆ]

輸出価格　21
輸出供給曲線　31
輸出入価格　20
輸出抑制効果　81
輸送距離　24
輸送原単位　7
輸送費　24
輸入価格　20
輸入需要曲線　31

[よ]

要素価格　114
要素価格フロンティア　181
要素投入量　133
幼稚産業の保護　73
予算　36
予算制約式　36

[り]

利潤極大化行動　135
利潤極大の均衡条件　135
利潤の極大化　35
利用可能な資源　35
量的制限政策　122

[る]

累積海運生産量　7
累積海運生産量曲線　7

[れ]

レンタル　99

[ろ]

労働・資本投入比率　138
労働集約財　97
労働集約的　52
労働生産性　154
労働生産性関数　162
労働節約的技術進歩　179
労働投入係数　51
労働投入量　51,99
労働の限界生産力　100
労働の産業間の移動性　105
労働賦存量　51,100
労務提供船　176

《著者略歴》

澤　喜司郎（さわ　きしろう）

1951年2月　滋賀県生まれ
1980年3月　関東学院大学大学院経済学研究科博士課程修了
現　　在　山口大学経済学部教授

〈主要著書〉

『現代国際海運の諸問題』成山堂，1993年
『交通計量経済学』成山堂，1997年
『交通安全論概説』成山堂，1997年
『現代の交通と交通労働』（共著）お茶の水書房，1999年
『交通 変革への視点』交通新聞社，2000年

ISBN4-303-16400-3

国際海運経済学

| 2001年4月10日　初版発行 | ⓒ 2001 Sawa Kisiro |
| 2004年2月20日　第2版発行 | |

著　者　澤　喜司郎　　　　　　　　　検印省略
発行者　岡田吉弘
発行所　海文堂出版株式会社
　　　　本　社　東京都文京区水道2-5-4（〒112-0005）
　　　　　　　　電話 03(3815)3292　FAX 03(3815)3953
　　　　支　社　神戸市中央区元町通3-5-10（〒650-0022）
　　　　　　　　電話 078(331)2664
日本書籍出版協会会員・工学書協会会員・自然科学書協会会員

PRINTED IN JAPAN　　　　　　　印刷 ディグ／製本 小野寺製本

本書の無断複写は、著作権法上での例外を除き、禁じられています。本書は、㈱日本著作出版権管理システム（JCLS）への委託出版物です。本書を複写される場合は、そのつど事前に JCLS（電話 03-3817-5670）を通して当社の許諾を得てください。

図 書 案 内

海運要論

織田政夫 著
A5・216頁・定価(本体 3,200 円＋税)

本書は、海運市場構造の変革と日本海運の競争力の変貌を見すえて、海運市場のメカニズムと、これに動かされる海運経営と政策の本質に目を向け、海運の特性について理解できるように市場論、経営論、政策論の基本的なものから構成。

国際複合輸送の実務

織田政夫 著
A5・376頁・定価(本体 4,660 円＋税)

複合輸送されるわが国の輸出入貨物の各流れに沿って、Sea & Air 輸送を含む国際複合輸送過程に関わる全機関・関連業者の行う業務を、図と70枚の書式見本を用いながら叙述。書類作成・手続き業務等が体系的・総合的に把握できる。

図説 海事概要
―海と船のガイドブック―

海事実務研究会 編
A5・262頁・定価(本体 2,200 円＋税)

船の歴史から航海・運用・法規・海運・造船など海事の諸分野を 12 編に分けて解説。海事関係教育機関の学生らの入門書として最適。また海事関連産業に働く人々にとって、「海」・「船」・「船員」との対話に欠かせない書。

和英・英和 総合海事用語辞典

総合海事用語辞典編集委員会 編
A5・788頁・定価(本体 4,700 円＋税)

航海・機関・造船工学の 3 分野に加えて、IMO 関連国際条約用語や海運企業の金融・財務・会計用語及び海運経済・海運経営関連用語など、周辺分野用語を幅広く取り込み、和英の部約 15,500 語と英和の部約 16,500 語を収録。

この一冊で間に合います！！
海技試験（口述）に持ち込みOKの海文堂の
海 事 六 法（年度版）

国土交通省海事局 監修
Ａ5判 1744頁 函入 定価（本体 4,800 円＋税）

- 海事関係法令を、**1** 海運 **2** 船舶 **3** 安全 **4** 船員 **5** 職員・審判 **6** 海上交通 **7** 海洋汚染 **8** その他 **9** 条約　の9項目に分類し収録
- 海技試験に必要な法令には★印を付し、他の法令と明確に区別化
- その他、実務、勉学にも充分役立つように法令を精選収録
- 毎年1月1日現在の海事関係法令を収録

【特典】本書収録の主要法令改正分の「追録」を進呈します。（7月締切）

定価は平成 16 年 1 月現在です。重版に際して定価を変更することがありますのであらかじめご了承下さい。

海文堂出版株式会社